解散に伴う
実務解説と注意事項

法務と税務の両面から

中村 慈美 編著
毛塚 衛 共著

一般財団法人 大蔵財務協会

はじめに

　法人とは、自然人以外のもので権利義務の主体となりうるものです。法人は自然人とは異なり、団体の設立を行うことのみで成立するものではなく、法律の規定を根拠として成立します。

　法人の成立を認める法律は個別法を含めて数多く存在しますが、営利法人については会社法が、非営利法人については一般社団法人及び一般財団法人に関する法律がそれぞれ一般的な法人制度について定めている法律であるため、これらの規定を十分に理解する必要があります。

　設立者、構成員、役員などが死亡したとしても、法人には自然人と異なり死亡という概念が存在しません。そのため、法人に関する規定は、将来に渡って、法人が継続していく前提（ゴーイングコンサーン）で整備がなされています。

　法人の法人格が消滅する場合として、法人が解散・清算の手続を行い、清算の結了となった場合があげられます。

　法人が解散をした場合の税務処理について、現行の法人税法第5条は、「内国法人に対しては、各事業年度の所得について、各事業年度の所得に対する法人税を課する。」と規定しており、法人が解散した場合であっても、課税方式が変更されることはなく、各事業年度の所得に対する課税がされることになっています。

　法人は、目的の範囲内において権利能力を付与されており、例えば営利法人である会社は、定款やその他の基本約款に従い営利活動を行いますが、法人が解散をした場合、法人の存在目的は清算に限られ、解散後の法人が事業の維持や拡大のための取引活動を行うことは制限されます。また、課税繰延べを目的とする圧縮記帳等の制度は、清算中の法人には

認められていないことになっています。

　2024年上半期（1-6月）の全国企業倒産（負債額1,000万円以上）は、東京商工リサーチの調べによると、件数で4,931件（前年同期比21.9％増）、負債総額で7,210億4,200万円（同22.8％減）と3年連続で増加しています。

　その背景には、新型コロナウイルス感染拡大の影響を受けた中小企業の資金繰り支援のために政府が設けた実質無利子無担保のいわゆる「ゼロゼロ融資」の返済が本格化してきている状況があります。

　加えて、近年の円安に伴う物価高や人件費上昇等のコスト上昇要因が中小企業の経営状況を圧迫しているとみられ、政府の資金繰り支援策は、経営改善や事業再生にシフトしています。それゆえに、コロナ禍で過剰債務に陥った企業、業績回復が遅れた企業は自立を迫られる状況に直面しています。

　このような状況から、資金調達が困難な企業を中心に、今後、倒産件数が急増するおそれも指摘されています。

　そこで本書では、平時では適用することのない又は少ないと思われる、次の5つの制度について解説をすることとし、解散後の一般的な申告及び所得計算の留意事項等については他に譲ることとします。

　①　解散した場合の事業年度
　②　解散した場合の設立当初からの欠損金の損金算入
　③　仮装経理の是正・還付等
　④　欠損金の繰戻し還付請求
　⑤　解散による残余財産の分配

令和6年9月

中村　慈美

毛塚　衛

〔凡　例〕

本文中に引用した法令等の略称は、次のとおりである。

法法 ………………… 法人税法
法令 ………………… 法人税法施行令
法規 ………………… 法人税法施行規則
法基通 ……………… 法人税基本通達
法法14①一 ………… 法人税法第14条第1項第1号
地法 ………………… 地方税法
地令 ………………… 地方税法施行令
民 …………………… 民法
会社 ………………… 会社法
会則 ………………… 会社法施行規則
破 …………………… 破産法
一般法人法 ………… 一般社団法人及び一般財団法人に関する法律

⑽　本書は、令和6年9月1日現在の法令、通達等によって作成しています。

※　掲載条文については、筆者が必要と思われる部分以外は省略している。

目　　次

I　解散した場合の事業年度 …………………………………………… 1
　1　会社法に規定されている解散事由 ……………………………… 1
　　(1)　会社法に規定されている解散事由別の解散手続 ………… 3
　　(2)　会社法に規定されている解散後の会社の継続 …………… 9
　2　一般法人法に規定されている解散事由 ……………………… 11
　3　清算法人の手続 ………………………………………………… 14
　　(1)　株式会社の清算手続 ……………………………………… 18
　　(2)　持分会社の清算手続 ……………………………………… 25
　　(3)　一般社団法人及び一般財団法人の清算手続 …………… 26
　4　みなし事業年度 ………………………………………………… 26
　　(1)　株式会社の場合 …………………………………………… 27
　　(2)　持分会社の場合 …………………………………………… 29
　　(3)　破産手続開始の決定を解散事由とする場合の留意点 ……… 30
　5　みなし解散に対する納税者の認識と効力 …………………… 33
　6　変更の届出と効果 ……………………………………………… 34
II　解散の場合の設立当初からの欠損金の損金算入 ……………… 37
　1　概要 ……………………………………………………………… 37
　2　内容 ……………………………………………………………… 38
　　(1)　控除対象となる所得金額 ………………………………… 39
　　(2)　適用順序（青色欠損金の繰越控除との優劣） ………… 39
　　(3)　設立当初からの欠損金の損金算入額（使用額）の内訳 ……… 40

(4) 残余財産がないと見込まれることの判定等 ………………… 40
　　　(5) 仮装経理により実在性のない資産を計上している場合 ……… 41
　　3　事例研究 ………………………………………………………………… 44
　　　(1) 設立当初からの欠損金の損金算入額（使用額）の適用順序
　　　　　と内訳 ……………………………………………………………… 44
　　　(2) 実在性のない資産が把握された場合の処理例 ………………… 46
Ⅲ　仮装経理の是正・還付等 ……………………………………………………… 55
　　1　概要 ……………………………………………………………………… 55
　　　(1) 仮装経理による過大申告と更正の特例 ………………………… 55
　　　(2) 過大納付税額の還付・充当 ……………………………………… 59
　　2　事例研究（仮装経理の是正と更正期限） ……………………………… 63
Ⅳ　欠損金の繰戻し還付請求 ……………………………………………………… 71
　　1　概要 ……………………………………………………………………… 71
　　2　原則的請求の期限 ……………………………………………………… 71
　　3　例外的請求の期限 ……………………………………………………… 76
　　4　資本金の額の減少手続 ………………………………………………… 84
　　　(1) 減資と中小企業税制 ……………………………………………… 84
　　　(2) 会社法における減資 ……………………………………………… 84
　　　(3) 株式会社の手続 …………………………………………………… 85
　　　(4) 会計処理 …………………………………………………………… 89
　　　(5) 税務処理 …………………………………………………………… 90
　　　(6) 持分会社の手続 …………………………………………………… 91
　　5　事例研究（例外的請求） ………………………………………………… 95
　　　(1) 事業の全部の譲渡をした場合 …………………………………… 95
　　　(2) 解散した場合 ……………………………………………………… 98

		6 地方税における取扱い ………………………………	99
V	解散による残余財産の分配 ………………………………		101
	1	残余財産の分配による課税関係（原則）………………	102
		(1) 金銭等の交付がある場合 ………………………………	102
		(2) 金銭等の交付がない場合 ………………………………	104
	2	残余財産の分配による課税関係（例外）………………	105
		(1) 金銭等の交付がある場合 ………………………………	105
		(2) 金銭等の交付がない場合 ………………………………	105
		(3) 譲渡損益相当額の調整 …………………………………	106
		(4) 事例研究（残余財産の分配を受けないことが確定した場合）………………………………………………………	108
		(5) 譲渡損失不計上の代替措置 ……………………………	109
	3	清算人等の第二次納税義務 …………………………………	111
おわりに …………………………………………………………………			116

I 解散した場合の事業年度

　今後、人手不足や、いわゆるゼロゼロ融資の返済等に窮し、事業の継続等が困難となり、解散を選択せざるをえない企業が増加することが予想されている[1]。そこで、まず、法人の解散事由について解説する。

1　会社法に規定されている解散事由

　解散とは、会社の法人格の消滅をもたらす原因となる法律事実のことをいう[2]。会社法は、株式会社、合名会社、合資会社、合同会社の4種の類型の会社の存在を規定しており、株式会社を除く3種類の会社はあわせて持分会社とも定義されている（会社575①）。

　近年、合同会社の設立も増加しているところであるが、日本において圧倒的に多い会社の形態は株式会社であるため、本書においても基本的には株式会社を念頭に置いたうえで、持分会社は株式会社との対比の関係で必要な限度に絞って取り上げることとする[3]。

---

[1] 「東京商工リサーチは5日、2024年上期（1月～6月）の倒産件数は前年同期比22％増の4931件だったと発表した。14年以来10年ぶりの高水準だ。価格転嫁が乏しい小規模企業の倒産が目立ち、人手不足を要因とする倒産は上期として過去最多となった。」（2024年7月6日　日本経済新聞）
[2] 江頭憲治郎・中村直人編『論点体系会社法＜第2版＞4』53頁（第一法規・2021年）
[3] 株式会社は組織別法人数の92.4％を占める（令和4年度分会社標本調査（令和6年6月国税庁））。

Ⅰ　解散した場合の事業年度

　株式会社及び持分会社の解散の事由について、会社法は次のとおり定めている。

会社法
（解散の事由）
第471条　株式会社は、次に掲げる事由によって解散する。
　一　定款で定めた存続期間の満了
　二　定款で定めた解散の事由の発生
　三　株主総会の決議
　四　合併（合併により当該株式会社が消滅する場合に限る。）
　五　破産手続開始の決定
　六　第824条第1項又は第833条第1項の規定による解散を命ずる裁判

（休眠会社のみなし解散）
第472条　休眠会社（株式会社であって、当該株式会社に関する登記が最後にあった日から12年を経過したものをいう。以下この条において同じ。）は、法務大臣が休眠会社に対し2箇月以内に法務省令で定めるところによりその本店の所在地を管轄する登記所に事業を廃止していない旨の届出をすべき旨を官報に公告した場合において、その届出をしないときは、その2箇月の期間の満了の時に、解散したものとみなす。ただし、当該期間内に当該休眠会社に関する登記がされたときは、この限りでない。
2　登記所は、前項の規定による公告があったときは、休眠会社に対し、その旨の通知を発しなければならない。

(解散の事由)
第641条　持分会社は、次に掲げる事由によって解散する。
　一　定款で定めた存続期間の満了
　二　定款で定めた解散の事由の発生
　三　総社員の同意
　四　社員が欠けたこと。
　五　合併（合併により当該持分会社が消滅する場合に限る。）
　六　破産手続開始の決定
　七　第824条第１項又は第833条第２項の規定による解散を命ずる裁判

(1)　会社法に規定されている解散事由別の解散手続
　イ　定款で定めた存続期間の満了
　　定款で定めた会社の存続期間の満了は、株式会社、持分会社共通の解散事由である（会社471一、641一）。
　　定款で会社の存続期間を定めた場合（会社911③四、912四、913四、914四）は、その存続期間の満了の時点で解散の効力が生じることになる。
　　なお、定款で会社の存続期間を定めている場合であっても、定めた期間満了前に株主総会の決議や合併による自主的な会社の解散をすることは妨げられず、存続期間満了前に破産手続開始の決定がなされた場合にも、会社は当然に解散することになる。
　ロ　定款で定めた解散の事由の発生
　　定款で定めた解散の事由の発生は、株式会社、持分会社共通の解散事由である（会社471二、641二）。
　　定款で会社の解散の事由を定めた場合（会社911③四、912四、913

四、914四）は、その解散の事由の発生により解散の効力が生じることになる。

　なお、定款で会社の解散の事由を定めている場合であっても、当該解散の事由の発生前に株主総会の決議や合併による自主的な会社の解散をすることは妨げられず、解散の事由の発生前に破産手続開始の決定がなされた場合には、当然に解散することは存続期間の満了の場合と同様である。

ハ　株主総会の決議

　株主の存在を前提とする株式会社のみの解散事由である（会社471三）。株式会社の解散事由のうち、破産手続開始の決定を除いて、実務上最も多いのがこの株主総会の決議による解散である。

　株式会社は法人格を有する独立した経済主体であるものの、その所有者は個別の株主であるため、会社の所有者たる株主に会社を存続させるか否かの決定権限を付与していることがあらわれている規定といえる。

　なお、会社の解散のために必要な株主総会決議は特別決議である（会社309②十一）。

　株主総会の特別決議とは、議決権を行使できる株主の議決権の過半数（定款により、加重又は3分の1までの軽減が可能）を有する株主が出席し、出席した株主の議決権数の3分の2以上（定款により加重のみが可能）の賛成を要する決議である[4]。

ニ　総社員の同意

　社員の存在を前提とする持分会社のみの解散事由である（会社641

4）田中亘『会社法〈第4版〉』200頁（東京大学出版会・2023年）

三）。前述のように、株式会社においては特別決議が求められているものの、株主総会においては、賛成多数を得ることができれば解散の決議を行うことが可能であり（会社471三、309②十二）、株主全員の同意までは必要とされていない。

これに対して、持分会社において総社員の同意が要件とされているのは、持分会社では一般的に人的個性が重視されているためであると説明されている。また、ここでの総社員の同意とは、直ちに解散することの同意でなければならず、例えば「1年後に解散する」といった同意では本要件は満たさないことに留意が必要である[5]。

ホ　社員が欠けたこと

社員の存在を前提とする持分会社のみの解散事由である（会社641四）。株式会社においては、株主が死亡したとしても、死亡した株主が保有していた株式は、原則として、死亡した株主の相続人に引き継がれることとなる。

これに対し、持分会社では、社員の死亡が法定退社原因とされているため（会社607①三）、持分会社の社員が1人となった後、当該持分会社の定款に相続人等による持分承継に関する定款の規定（会社608①）がない場合には、持分会社に社員が存在しない事態が生じ得ることになる。

そのような場合、もはや会社を構成する社員が不在となるため、社員が欠けたことを解散事由として法定している[6]。

---

5) 江頭・前掲注2・538頁
6) 江頭・前掲注2・537頁

ヘ　合併

合併は、株式会社、持分会社共通の解散事由である（会社471四、641五）。

合併以外の解散事由により会社が解散する場合、会社の法人格は直ちに消滅せずに清算手続を経ることになるが、合併の場合には清算手続を経ることなく、合併の効力発生日に法人格が消滅する点が特徴である。

① 吸収合併の場合

吸収合併存続会社は、効力発生日に、吸収合併消滅会社の権利義務を承継することになる（会社750①、752①）。

会社が吸収合併をしたときは、その効力が生じた日から2週間以内に、その本店の所在地において、吸収合併により消滅する会社については解散の登記をし、吸収合併後存続する会社については変更の登記をしなければならない（会社921）。

そして、吸収合併消滅会社の吸収合併による解散は、吸収合併の登記の後でなければ、これをもって第三者に対抗することはできないと規定されている（会社750②、752②）。

なお、債権者保護手続を終了していない場合又は吸収合併を中止した場合には、合併の効力は発生しないことに注意する必要がある（会社750⑥、752⑥）。

② 新設合併の場合

新設合併設立会社は、その成立の日に、新設合併消滅会社の権利義務を承継することになる（会社754①、756①）。

ト　破産手続開始の決定

破産手続開始の決定は、株式会社、持分会社共通の解散事由である

（会社471五、641六）。

　会社が支払不能の状態であり、当該会社から破産手続開始の申立てがあった場合に、裁判所が破産手続開始の原因となる事実があると認めるときは、裁判所は決定により破産手続を開始することとされている（破15①、破30①）。この裁判所の決定は、その決定の時から効力を生じることになる（破30②）。

チ　解散を命ずる裁判

　解散を命ずる裁判は、株式会社、持分会社共通の解散事由である（会社471六、641七）。

　会社法上、解散命令（会社824①）と解散判決（会社833①）の2種類の解散を命ずる裁判が会社の解散の事由として規定されている。

　解散命令と解散判決の異動であるが、解散命令が公益の確保を目的とするのに対し、解散判決は、主に株主・社員の利益保護を目的とする制度である点があげられる[7]。

　①　解散命令

　　解散命令とは、会社の設立が不当な目的に基づいてされたなど一定の事由に該当し、公益の確保のため、当該会社の存立を許すことができないと認められる場合に、法務大臣又は利害関係人の申立てにより、裁判所が当該会社の解散を命ずる制度である[8]。

　②　解散判決

　　解散判決とは、株式会社において、一定の事由がある場合に、株主の請求（株式会社解散の訴え）によって、裁判所が株式会社の解

---

7) 田中・前掲注4・755頁
8) 田中・前掲注4・755頁

散を命ずる制度である[9]。

　持分会社についても、やむを得ない事由がある場合には、社員が訴えをもって持分会社の解散を請求することができると規定されている（会社833②）。

リ　休眠会社のみなし解散

　株式会社のみの解散事由である（会社472）。

　解散の手続を行っていないため、登記も存続しているものの、実際には事業の実態がない株式会社も多く存在する。

　例えば、事実上破産状態である会社の経営者が夜逃げをしてしまった事案や、100％株主である経営者が亡くなった後、相続人の全てが相続放棄をした場合にこのような状態となる。

　事業の実態のない会社が多数存在することは、登記に対する社会の信頼を害することになり、望ましい状態とはいえない。

　そこで会社法は、最後に登記をした日から12年を経過した会社（休眠会社）に対し、法務大臣が事業を廃止していない旨の届出をすべき旨を官報に公告し、一定期間内にその届出又は登記がされないときは、当該会社を解散したものとみなす制度を設けた[10]。

　この12年という期間は、株式会社は少なくとも10年に1度は登記をする機会がある（取締役任期を法が許容する最長期間である10年に伸長した非公開会社における役員の就任・退任の登記。会社332②、911③十三、915①）という考慮に基づくものと考えられている[11]。

　なお、特例有限会社の取締役には任期がないため、このみなし解散

9）田中・前掲注4・755頁
10）田中・前掲注4・757頁
11）田中・前掲注4・757頁

制度は適用されない。

(2) **会社法に規定されている解散後の会社の継続**

一度は解散決議をした会社が解散前の状態に復帰し、会社としての同一性を維持しつつ、存立中の会社としてその存在を継続することを会社の継続という[12]。

継続することになった会社は新しい会社となるものではなく、解散前の会社との同一性が維持されることとなる。

イ　株式会社の継続

会社法は株式会社の継続について、次のとおり定めている。

会社法
（株式会社の継続）
第473条　株式会社は、第471条第1号から第3号までに掲げる事由によって解散した場合（前条第1項の規定により解散したものとみなされた場合を含む。）には、次章の規定による清算が結了するまで（同項の規定により解散したものとみなされた場合にあっては、解散したものとみなされた後3年以内に限る。）、株主総会の決議によって、株式会社を継続することができる。

会社法第471条第1号から第3号までに掲げる事由及び休眠会社のみなし解散の規定によって会社が解散した場合には、株主総会の決議によって、会社を継続することが可能である。もっとも、この場合でも、会社は過去に遡って解散しなかったことになるのではなく、将来に向けて解散前の状態に復帰し、営業能力を回復するにすぎない（将

---

12) 上柳克郎・鴻常夫・竹内昭夫編『新版注釈会社法(13)』（有斐閣・1990年）

来効)。

　したがって、解散後、会社を継続するまでの間に清算人が行った行為について会社の継続の効力が遡及することはなく、清算手続において、清算人が行った活動には何らの影響も及ぼさない（遡及効の否定）。

　また、会社の継続により清算人はその地位を失うことになるが、解散前の取締役等の地位が当然に復活するわけではなく、取締役等、新たな役員の選任決議を採る必要がある。

ロ　持分会社の継続

　会社法は持分会社の継続について、次のとおり定めている。

会社法
（持分会社の継続）
第642条　持分会社は前条第1号から第3号までに掲げる事由によって解散した場合には、次章の規定による清算が結了するまで、社員の全部又は一部の同意によって、持分会社を継続することができる。

　なお、この場合に、持分会社を継続することについて同意しなかった社員は、持分会社が継続することとなった日に、退社することとなる（会社642①）。

ハ　会社の継続が認められない場合

　これらの規定は、会社についてその所有者の多数が会社を継続させたいと考えた場合に、解散という方針を変更する余地を残すための規定である。

　そのため、途中での会社の方針変更を会社の所有者に認めることが適切でない、合併、破産手続開始決定、解散命令又は解散判決の場合

に適用されることはない[13]。

2 一般法人法に規定されている解散事由

非営利法人である一般社団法人及び一般財団法人については、会社法ではなく、一般法人法の適用を受ける。

一般社団法人及び一般財団法人の解散の事由について、一般法人法は次のとおり定めている。

一般法人法
（解散の事由）
第148条　一般社団法人は、次に掲げる事由によって解散する。
　一　定款で定めた存続期間の満了
　二　定款で定めた解散の事由の発生
　三　社員総会の決議
　四　社員が欠けたこと
　五　合併（合併により当該一般社団法人が消滅する場合に限る。）
　六　破産手続開始の決定
　七　第261条第1項又は第268条の規定による解散を命ずる裁判

（休眠一般社団法人のみなし解散）
第149条　休眠一般社団法人（一般社団法人であって、当該一般社団法人に関する登記が最後にあった日から5年を経過したものをいう。以下この条において同じ。）は、法務大臣が休眠一般社団法人に対し2箇月以内に法務省令で定めるところによりその主たる事務所の所在地を管轄する登記所に事業を廃止していない旨の

---

[13] 田中・前掲注4・758頁

届出をすべき旨を官報に公告した場合において、その届出をしないときは、その2箇月の期間の満了の時に、解散したものとみなす。ただし、当該期間内に当該休眠一般社団法人に関する登記がされたときは、この限りでない。
2 　登記所は、前項の規定による公告があったときは、休眠一般社団法人に対し、その旨の通知を発しなければならない。

（解散の事由）
第202条　一般財団法人は、次に掲げる事由によって解散する。
　一　定款で定めた存続期間の満了
　二　定款で定めた解散の事由の発生
　三　基本財産の滅失その他の事由による一般財団法人の目的である事業の成功の不能
　四　合併（合併により当該一般財団法人が消滅する場合に限る。）
　五　破産手続開始の決定
　六　第261条第1項又は第268条の規定による解散を命ずる裁判
2 　一般財団法人は、前項各号に掲げる事由のほか、ある事業年度及びその翌事業年度に係る貸借対照表上の純資産額がいずれも300万円未満となった場合においても、当該翌事業年度に関する定時評議員会の終結の時に解散する。
3 　新設合併により設立する一般財団法人は、前項に規定する場合のほか、第199条において準用する第123条第1項の貸借対照表及びその成立の日の属する事業年度に係る貸借対照表上の純資産額がいずれも300万円未満となった場合においても、当該事業年度に関する定時評議員会の終結の時に解散する。

（休眠一般財団法人のみなし解散）
第203条　休眠一般財団法人（一般財団法人であって、当該一般財団法人に関する登記が最後にあった日から５年を経過したものをいう。以下この条において同じ。）は、法務大臣が休眠一般財団法人に対し２箇月以内に法務省令で定めるところによりその主たる事務所の所在地を管轄する登記所に事業を廃止していない旨の届出をすべき旨を官報に公告した場合において、その届出をしないときは、その２箇月の期間の満了の時に、解散したものとみなす。ただし、当該期間内に当該休眠一般財団法人に関する登記がされたときは、この限りでない。
２　登記所は、前項の規定による公告があったときは、休眠一般財団法人に対し、その旨の通知を発しなければならない。

（一般財団法人の継続）
第204条　一般財団法人は、次に掲げる場合には、次章の規定による清算が結了するまで（第２号に掲げる場合にあっては、解散したものとみなされた後３年以内に限る。）、評議員会の決議によって、一般財団法人を継続することができる。
　一　第202条第２項又は第３項の規定による解散後、清算事務年度（第227条第１項に規定する清算事務年度をいう。）に係る貸借対照表上の純資産額が300万円以上となった場合
　二　前条第１項の規定により解散したものとみなされた場合

（解散した一般財団法人の合併の制限）
第205条　一般財団法人が解散した場合には、当該一般財団法人は、当該一般財団法人が合併後存続する一般財団法人となる合併をす

ることができない。

3　清算法人の手続

　法人が解散した場合、課税方式は変更されないものの、解散によって法人の存在目的は清算に限られることから、法人の性質は解散の前後で大きく異なることとなる。

　解散前の法人は、定款やその他の基本約款に従って事業活動を行っているところ、解散によって清算手続をする法人（以下、「清算法人」という。）となった後は、事業のための取引は行えず、清算の目的の範囲内である清算事務（会社を閉じることを目的とした事務）を行っていくことになる。清算の目的の範囲には、清算事務それ自体に限らず、清算事務を遂行するために必要な行為も含まれる。

　ここでいう必要な行為とは清算人の職務範囲を定める規定（会社481）のみにより判断するのではなく、注文全体の趣旨から判断される。

　仮に清算人が清算の目的の範囲外の行為をしたとしても、その効果は清算法人には帰属しない。

　このように法人が解散した場合には、清算手続に移行することになる。この後の事業年度の理解の前提として、法人の清算手続について解説を行う。

会社法
（清算の開始原因）
　第475条　株式会社は、次に掲げる場合には、この章の定めるところにより、清算をしなければならない。

一　解散した場合（第471条第4号に掲げる事由によって解散した場合及び破産手続開始の決定により解散した場合であって当該破産手続が終了していない場合を除く。）
　二　設立の無効の訴えに係る請求を認容する判決が確定した場合
　三　株式移転の無効の訴えに係る請求を認容する判決が確定した場合

（清算の開始原因）
第644条　持分会社は、次に掲げる場合には、この章の定めるところにより、清算をしなければならない。
　一　解散した場合（第641条第5号に掲げる事由によって解散した場合及び破産手続開始の決定により解散した場合であって当該破産手続が終了していない場合を除く。）
　二　設立無効の訴えに係る請求を認容する判決が確定した場合
　三　設立の取消しの訴えに係る請求を認容する判決が確定した場合

一般法人法
（清算の開始原因）
第206条　一般社団法人又は一般財団法人は、次に掲げる場合には、この章の定めるところにより、清算をしなければならない。
　一　解散した場合（第148条第5号又は第202条第1項第4号に掲げる事由によって解散した場合及び破産手続開始の決定により解散した場合であって当該破産手続が終了していない場合を除く。）
　二　設立の無効の訴えに係る請求を認容する判決が確定した場合

> 三　設立の取消しの訴えに係る請求を認容する判決が確定した場合

　法人が解散した場合、解散の事由が合併又は破産の場合を除いて、解散した会社は清算手続を行うことになる（会社475一、644一、一般法人法206一）。

　清算法人は、その法人が営んできた事業や業務を終了させるとともに、各種の契約関係の解消を行う必要がある。特に営利法人たる会社は、財産の換価ないし処分を行った上で、債務を返済し、残余財産を株主や社員に分配することになる。

　そして、労務関係の手続、会計上の処理、税務上の届出や申告、各手続段階における登記手続等の全ての手続を完了させることで、ようやく会社の法人格が消滅することになる[14]。

　すなわち清算法人は、解散をしているものの、法律上は、上記の法人の清算の目的の範囲内において、清算が結了するまではなお存続するものとみなされることになる（会社476、645、一般法人法207）。

　もっとも、法人税法では、清算結了の登記が完了しても、法人税の納税義務が完全に履行されるまでは、その限りにおいてなお存続するものとされている（法基通1-1-7）。

> **会社法**
> **（清算株式会社の能力）**
> 第476条　前条の規定により清算をする株式会社（以下「清算株式

---

[14] 尾島史賢著『株式会社・各種法人別清算手続マニュアル―手続の選択から業種別の注意点まで―』26頁（新日本法規出版株式会社・2019年）

会社」という。）は、清算の目的の範囲内において、清算が結了するまではなお存続するものとみなす。

（清算持分会社の能力）
第645条　前条の規定により清算をする持分会社（以下「清算持分会社」という。）は、清算の目的の範囲内において、清算が結了するまではなお存続するものとみなす。

一般法人法
（清算法人の能力）
第207条　前条の規定により清算をする一般社団法人又は一般財団法人（以下「清算法人」という。）は、清算の目的の範囲内において、清算が結了するまではなお存続するものとみなす。

法基通
（清算結了の登記をした場合の納税義務等）
1-1-7　法人が清算結了の登記をした場合においても、その清算の結了は実質的に判定すべきものであるから、当該法人は、法人税を納める義務を履行するまではなお存続するものとする。
　㊟　本文の法人が通算法人である場合において当該法人が清算結了の登記をしたときの当該法人の納税義務等について、当該法人は、その法人税については、本文に定めるところにより、当該法人税を納める義務を履行するまではなお存続するものとし、法第152条第1項《連帯納付の責任》の規定により連帯納付の責任を有することとなった他の通算法人の同項に規定する法人税については、当該法人及び他の通算法人が当該法人税を納め

> る義務を履行するまではなお存続するものとする。

　このように、清算法人は、解散前の法人と異なり、事業を目的として活動をしているものではない。解散を選択し、清算段階に入った法人の目的は法人を閉じることである。そのため、清算法人は目的である法人を閉じる行為以外の行為については、目的外の行為ということになり、これらの行為を行うことはできなくなる。

　営利法人の場合、会社が、解散時に残存していた在庫商品を売却・処分し、換価することは会社を閉じるために必要な行為と考えられ、清算会社もこれを行うことが可能である。

　他方、清算会社が在庫整理をしている中で、新商品のアイディアを閃いたとしても、清算会社が新しく製品を製造することはできず、清算会社の利益を上げるために費用をかけて広告を出すなどの営業取引等を行うこともできない。

　また、会社法上の規制として、清算株式会社は自己株式の取得（無償取得及び法務省令で定める場合を除く。）、剰余金の配当、株式交換、株式移転を行うことはできないとされている（会社509、会則151）[15]。

(1)　株式会社の清算手続

　イ　通常清算

　　通常清算手続は、会社の財産をもって債務を完済することができる（つまり、資産超過である）株式会社について採用される清算手続である[16]。

[15) 太田達也『＜第3版＞解散・清算の実務完全解説』7頁（税務研究会出版局・2023年）

[16) 尾島・前掲注14・26頁

例えば、会社は継続的に黒字であるものの、後継者がおらず、経営者が自主的な廃業を選択する場合などに利用される。

すでに述べたとおり、株式会社が解散した場合、解散の事由が合併又は破産の場合を除いて、解散した株式会社は清算手続を行うことになる（会社475一）。

清算株式会社には、1人又は2人以上の清算人を置かなければならないことになっており（会社477①）、清算株式会社の目的である会社を閉じるための業務執行は清算人が行っていくことになる。

このように、株式会社が清算の手続に入ると、これまで株式会社の業務執行を行っていた取締役は地位を失い、取締役に代わって清算人が選任される。

もっとも、実務的には、解散の株主総会決議の際に、併せて清算人選任の決議を行うことが多く、その場合、清算人には解散時の取締役が就任するのが原則である。そのため、役職として取締役から清算人と名称は変わるものの、経営陣自身が株式会社の幕引きを実施するのがこの通常清算手続と呼ばれる手続の特徴である。

実際に、清算人の就任について会社法第478条は次のとおり定めている。

会社法
（清算人の就任）
第478条　次に掲げる者は、株式会社の清算人となる。
　一　取締役（次号又は第3号に掲げる者がある場合を除く。）
　二　定款で定める者
　三　株主総会の決議によって選任された者

条文から明らかなとおり、株主総会の決議によって選任された者も清算人になることができるため、株式会社によっては取締役以外の者が清算人になることもある。

上記の規定により清算人となる者がないとき（会社478②）、裁判所による解散命令又は解散の訴えによる解散を命ずる裁判によって解散したとき（会社478③）、設立無効判決、株式移転無効判決が確定したとき（会社478④）は、裁判所が利害関係人の申立てにより清算人を選任することになる。

株式会社の清算人に就任した者、株式会社の清算人に選任された者は、会社の解散から2週間以内に、その本店の所在地において、解散の登記をしなければならない（会社926）。

加えて、清算会社の前身である株式会社の取締役が清算株式会社の清算人となった場合には、解散の日から2週間以内に、上記解散の登記に加えて、その本店の所在地において、清算人の氏名（会社928①一）、代表清算人の氏名及び住所（会社928①二）、清算株式会社が清算人会設置会社であるときは、その旨（会社928①三）の登記をしなければならないこととされている。

また、清算株式会社は、遅滞なく、当該清算株式会社の債権者に対し、一定の期間内（2か月以上の期間）にその債権を申し出るべき旨を官報に公告し、かつ、知れている債権者には、各別にこれを催告しなければならない（会社499①）。

同じく、清算人はその就任後遅滞なく、清算株式会社の財産の現況を調査し、財産目録及び貸借対照表を作成しなければならず（会社492①）、順次、清算人の業務として、現務の結了（会社481一）、債権の取立て及び債務の弁済（会社481二）、残余財産の分配（会社481

三）を行うことになる。

　このように、会社法は、株式会社の清算手続について、清算人を中心に「遅滞なく」実施することを求めている。

　通常清算においては、会社財産の換価、債権者に対する債務の弁済を行い、その上で財産が残った場合には、残余財産を株主に分配するという一連の手続を行い、最終的に株式会社の資産と負債をいずれも0にすることで清算手続を終了させる。

　ここでも、清算株式会社の清算事務が終了したときは、遅滞なく、決算報告を作成することが求められている（会社507①）。その上で、当該決算報告について、清算人は株主総会に提出し、又は提供し、その承認を受けなければならない（会社507③）。

　清算株式会社の清算が結了したときは、決算報告書の承認の日から2週間以内に、その本店の所在地において、清算結了の登記をしなければならない（会社929一）。

　清算結了後も、清算人は、清算株式会社の本店の所在地における清算結了の登記の時から10年間、清算株式会社の帳簿並びにその事業及び清算に関する重要な資料を保存しなければならない点にも留意が必要である（会社508①）。

ロ　特別清算

　特別清算とは、解散後清算中の株式会社について、清算の遂行に著しい支障を来すべき事情又は債務超過の疑いがある場合に、申立てに基づく裁判所の命令により開始され、裁判所の監督の下に行われる清算手続をいう[17]。

---

17) 鈴木規央『詳解特別清算の実務手続・書式のすべて』1頁（中央経済社・2023年）

会社法第510条は、清算株式会社の特別清算開始の原因を次のとおり規定している。

> **会社法**
> **（特別清算開始の原因）**
> **第510条** 裁判所は、清算株式会社に次に掲げる事由があると認めるときは、第514条の規定に基づき、申立てにより、当該清算株式会社に対し特別清算の開始を命ずる。
> 一 清算の遂行に著しい支障を来すべき事情があること。
> 二 債務超過（清算株式会社の財産がその債務を完済するのに足りない状態をいう。次条第2項において同じ。）の疑いがあること。

清算株式会社に、清算の遂行に著しい支障を来すべき事情がある場合や、債務超過の疑いがある場合には、もはや清算人が株主総会の監督の下で、自主的に清算手続を進めることは妥当でなく、通常清算の特別手続として、裁判所の監督を受けながら、債権者集会の関与下において、清算手続を進めることが適当であると考えられ、これらの事由が認められる場合には特別清算開始の原因とされている[18]。

① 破産と特別清算の異同

特別清算開始の原因が、会社法第510条の定めのとおりであるのに対し、会社の破産手続開始の原因は、支払不能又は債務超過である（破16、破15）。支払不能とは、債務者が、支払能力を欠くために、その債務のうち弁済期にあるものにつき、一般的かつ継続的に

18）鈴木・前掲注17・9頁

弁済することができない状態をいうと定義されており（破2⑪）、債務超過についても債務者が、その債務につき、その財産をもって完済することができない状態をいうと定義されている（破16①）。

両者の文言を比較すれば明らかなように、破産手続開始の原因を確定的に認めることまではできないが、そのおそれや疑いがある場合にすぎない段階であっても利用できるのが特別清算の手続である。

もっとも、清算人がその業務の過程において、清算株式会社の財産がその債務を完済するのに足りないことが明らかになったときは、直ちに破産手続開始の申立てをしなければならない（会社484①）。

この場合、清算人は、清算株式会社が破産手続開始決定を受けた場合において、破産管財人にその事務を引き継いだときは、その任務を終了したものとして扱われ（会社484②）、清算株式会社の破産手続は、第三者である破産管財人が主導することになる。

② 手続の特色

破産は、裁判所の関与の下、裁判所が選任する破産管財人が主導し、破産会社の財産を強制換価することで、財団を形成し、債権者に対し平等に配当することを目的とする手続である。

他方、清算株式会社が、特別清算に移行した場合には、裁判所の命令によって特別清算が開始し、清算人は裁判所の監督下に置かれるものの、解散の際に会社の清算人に就任した旧取締役がそのまま手続を遂行するのが原則（会社523）であるため、通常清算との連続性を保ったまま、清算事務を遂行することが可能である。

特別清算に移行した場合であっても、手続を進めた結果、債務超過でなければ通常清算と同様の手続において清算結了をすることになる。

特別清算の手続としては、実務上、次の2つの分類がなされている。

(i) 協定型

協定型は、特別清算の原則ともいえる類型で、債権者集会を開催して協定の決議を得て、裁判所による協定の認可の確定により、協定に基づき債権者に対して弁済を行う類型である（会社570参照）。

(ii) 和解型

和解型は、債権者集会を開催することなく、清算株式会社と各債権者間で個別に弁済方法及び債権放棄について和解をし、和解に基づき債権者に弁済を行う類型である。

③ 手続の使い分け

特別清算手続が選択される事案は、債権者が少ない場合であり、手続が迅速に進むということから、協定型よりも和解型で行う事例の方が多いというのが実務の現状である。

協定型、和解型のいずれの類型にしろ、債権者との調整が必要であるため、債権者が多数存在する会社で特別清算手続が選択されることは多くなく、債権者が多数存在し、権利関係が複雑な場合に、清算株式会社が債務超過の場合には破産が選択されることが通常である。

④ 特別清算手続完了までの流れ

清算株式会社は、債権者集会に対し、協定の申出をすることができる（会社563）と規定されており、協定は必ず行わなければならないものではない。

この協定においては、協定債権者の権利の全部又は一部の変更に

関する条項を定めなければならないと規定されており（会社564①）、具体的には、債務の減免、期限の猶予その他の権利の変更の一般的基準を定めなければならない（会564②）。

協定は債権者の権利を変更することを内容とするため、債権者集会における協定可決の要件は加重されており、具体的には、①出席した議決権者の過半数の同意（会社567①一）と、②議決権者の議決権の総額の3分の2以上の議決権を有する者の同意（会社567①二）のいずれの要件も満たすことが必要とされている。

協定が可決されたときには、清算株式会社は、遅滞なく、裁判所に対し、協定の認可の申立てをしなければならない（会社568）。

協定が債権者集会において可決され、裁判所の認可を経て確定すると、確定した協定の趣旨に沿って清算人が債権者に対して、債務の弁済を行うことになる。

なお、協定を実行するにあたって、必要があれば、協定の内容を変更することができることとされている（会社572）。

協定の遂行が完了すると、清算人、監査役、債権者、株主又は調査委員の申立てにより、裁判所は特別清算終結の決定を行い（会社573）、裁判所の特別清算終結の決定により、特別清算手続が完了することになる。

(2) **持分会社の清算手続**

イ　**通常清算**

持分会社の通常清算手続については、会社法上規定されている条文は株式会社と異なるものの、手続の内容・流れについて、そのほとんどが株式会社の場合の手続と共通しているため、株式会社の通常清算の流れを理解していれば、手続の流れを追うことが可能である。

通常清算手続の中で取扱いが変わるものとしては、持分会社のうち、合同会社を除く合名会社と合資会社には1人以上の無限責任社員が存在することから、債権者に対する公告及び個別催告は不要とされている点が挙げられる（会社660①）。

ロ　特別清算

　前述のとおり、特別清算手続は株式会社のみに認められている手続であるため、持分会社は利用することができない（会社510）。

(3)　一般社団法人及び一般財団法人の清算手続

　一般社団法人及び一般財団法人の清算手続も持分会社同様、基本的な流れについては、株式会社の通常清算手続が参考となる。

4　みなし事業年度

　清算法人の行う活動は、解散前の法人が行ってきた活動とは大きく異なることとなる。

　そのため、解散を機に事業年度を切って、それまでの所得を清算する方が法人の実情に合った課税と考えられ、法人税法上、みなし事業年度を設けることとされている。

　法人が解散した場合には、次の期間が事業年度になる（法法14①一）。

①　その事業年度開始の日から解散の日までの期間

②　解散の日の翌日からその事業年度終了の日までの期間

　上記①及び②の「解散の日」とは、株主総会その他これに準ずる総会等において解散の日を定めたときはその定めた日、解散の日を定めなかったときは解散の決議の日、解散事由の発生により解散した場合には当該事由発生の日をいうとされている（法基通1-2-4）。

　また、上記②の「その事業年度終了の日」の事業年度とは、法人の財

産及び損益の計算の単位となる期間である（法法13①）。

(1) 株式会社の場合

株式会社の場合、会社法の適用により解散することとなった日の翌日から1年間の清算事務年度となり（法法13①、法基通1-2-9[19)]、会社494①括弧書き）、一般社団法人・一般財団法人も同様である（一般法人法227①括弧書き）。

【例示】株式会社の場合

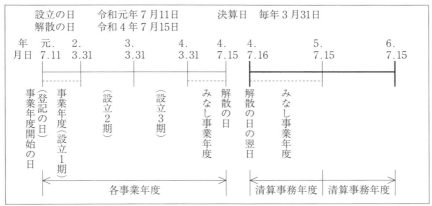

（出典）税務大学校『法人税法（基礎編）令和6年度版』

(注)1 一般社団法人及び一般財団法人は株式会社の場合と同様、解散することとなった日の翌日である令和4年7月16日から令和5年7月15日までが清算事務年度となる。

 2 他方、持分会社については、令和4年7月16日から令和5年3月31日

---

19) 法人税基本通達1-2-9は、「株式会社等が解散等をした場合における清算中の事業年度」となっているが、通達本文において「株式会社又は一般社団法人若しくは一般財団法人（以下1-2-9において「株式会社等」という。）」とされていることから「株式会社等」に持分会社が含まれないことは明らかである。

I　解散した場合の事業年度

が事業年度となる。

> **会社法**
> **（貸借対照表等の作成及び保存）**
> **第494条**　①清算株式会社は、法務省令で定めるところにより、各清算事務年度（第475条各号に掲げる場合に該当することとなった日の翌日又はその後毎年その日に応答する日（応答する日がない場合にあっては、その前日）から始まる各1年の期間をいう。）に係る貸借対照表及び事務報告並びにこれらの附属明細書を作成しなければならない。
>
> **一般法人法**
> **（貸借対照表等の作成及び保存）**
> **第227条**　①清算法人は、法務省令で定めるところにより、各清算事務年度（第206条各号に掲げる場合に該当することとなった日の翌日又はその後毎年その日に応答する日（応答する日がない場合にあっては、その前日）から始まる各1年の期間をいう。）に係る貸借対照表及び事務報告並びにこれらの附属明細書を作成しなければならない。

【参考判決】東京地判平成30年10月23日[20]（みなし事業年度）

> 法人税法13条1項は、「事業年度」につき、「法人の財産及び損益の計算の単位となる期間（中略）で、法令で定めるもの又は法人の

20）税務訴訟資料第268号-96（順号13201）

定款（中略）に定めるもの」と規定し、同法14条1項1号は、内国法人が事業年度の中途において解散（合併による解散を除く。）をした場合には、同法13条1項の規定にかかわらず、その事業年度開始の日から解散の日までの期間及び解散の日の翌日からその事業年度終了の日までの期間を事業年度とみなす旨規定しているところ、会社法494条1項は、みなし解散をした株式会社は、各清算事務年度に係る貸借対照表及び事務報告並びにこれらの附属明細書を作成しなければならないとし、その清算事務年度とは、同法475条各号に掲げる場合に該当することとなった日の翌日又はその後毎年その日に応当する日から始まる各1年の期間とする旨規定している。

　したがって、<u>株式会社が、事業年度の中途において、みなし解散をした場合には、会社法上の「清算事務年度」は、法人税法13条1項にいう「法人の財産及び損益の計算の単位となる期間（中略）で、法令で定めるもの」に当たることから、当該株式会社の定款で定めた事業年度にかかわらず、法人税法上の「事業年度」に該当することとなり、当該株式会社が定款等で定めた事業年度開始の日から解散の日までの期間が事業年度とみなされ、解散の日の翌日からその事業年度終了の日である「清算事務年度終了の日」までの期間が翌事業年度とみなされることとなる。</u>

(2)　**持分会社の場合**

　他方、持分会社の場合には、解散の日の翌日から、決算日までが清算事務年度となる。

　株式会社と一般社団法人・一般財団法人について、清算にあたり上記のような条項が設けられているが、持分会社には類似の規定が存在しな

い。

　この清算事務年度は、会社法第475条各号に規定する解散等の場合（一般社団法人・一般財団法人においては一般法人法第206条各号に規定する解散等の場合）に適用があり、破産手続開始の決定による解散の場合や持分会社（合名、合資、合同会社）が解散した場合については、清算事務年度の定めがない（会社494）ことから、その法人の定款等で定められた事業年度によることになる。

　この点に関連して、法人税基本通達1-2-9は以下のように定めている。

> **法基通**
> **1-2-9**　株式会社又は一般社団法人若しくは一般財団法人（以下1-2-9において「株式会社等」という。）が解散等（会社法第475条各号又は一般法人法第206条各号《清算の開始原因》に掲げる場合をいう。）をした場合における清算中の事業年度は、当該株式会社等が定款で定めた事業年度にかかわらず、会社法第494条第1項又は一般法人法第227条第1項《貸借対照表等の作成及び保存》に規定する清算事務年度になるのであるから留意する。

(3)　**破産手続開始の決定を解散事由とする場合の留意点**

　会社法第475条が、破産手続開始の決定については、清算手続に入らないことを明記している（14頁参照）ことからすれば、法人税基本通達1-2-9の解散等には破産手続開始による解散は含まれないという解釈になる。

破産手続開始決定による解散が、他とは異なる処理になるため、この点について簡潔に解説を加える。

会社が経営に行き詰まり、資金繰りに窮し、任意に債務の履行ができなくなった場合、事業を停止し、裁判所に破産手続開始の申立てを行うことになる。

そして、破産手続とは、裁判所が破産手続開始決定と同時に選任する破産管財人により、会社の財産を換価し、債権者に対し平等に分配することを目的とする手続である。

上述のとおり、会社について破産手続開始決定がなされた場合、破産手続開始決定をもって当該事業年度が終了し、解散事業年度として税務申告が必要となるほか、清算事業年度、清算確定事業年度の3種類の税務申告が絡むことになる。

この点、破産が見込まれるため、破産直前の帳簿作成を行わなくて良いと誤解している場合も見受けられるが、破産をした場合には申告が免除されるという規定は存在しない。

したがって、破産手続開始決定までの帳簿をこれまで通り作成するように指導しておかないと、破産管財人から会社代表者が財産隠匿を疑われる可能性があるため留意が必要である。

また、会社の法人格の消滅について、破産法第35条が法人の存続の擬制についての規定を置いており、破産手続開始の決定により解散した法人は、破産手続が終了することで法人格が消滅することになる。

> **破産法**
> （法人の存続の擬制）
> 第35条　他の法律の規定により破産手続開始の決定によって解散した法人又は解散した法人で破産手続開始の決定を受けたものは、破産手続による清算の目的の範囲内において、破産手続が終了するまで存続するものとみなす。

　もっとも、株式会社が解散をした後に、清算をしている中で破産手続に移行することになった場合には、解散の時点で当該株式会社は清算株式会社になっていることから、会社法第494条の適用がされることになり、清算事務年度は解散することとなった日の翌日から1年間となる。

　なお、解散しても清算中の事業年度の途中で残余財産が確定した場合は、残余財産の確定の日までの期間が事業年度となる（法法14①五）。

　破産手続開始の決定による場合、当該破産法人は、債務超過であるため、通常、残余財産は存在しない。この点について、「残余財産確定」の時点について破産手続の場合にいかに解釈するかについては、諸説あるが破産法人の全ての財産について換価が完了した時点と考えるのが通説である。

　上述した法人の解散事由が発生して法人が解散した場合、事業年度が一旦区切れ、みなし事業年度が生じることになるが、法人の組織区分（株式会社・持分会社）によっては、その後のみなし事業年度が異なる。

　なお、事業年度の変更の理解は、Ⅱ以降の項目にも影響を与えることに留意する必要がある[21]。

(参考)

　清算中の法人が事業年度の中途において継続した場合には、次の期間が事業年度となる（法法14①六）。

①　その法人の事業年度開始の日から継続の日の前日までの期間
②　継続の日からその事業年度終了の日までの期間

　この場合の「継続の日」とは、株主総会その他これに準ずる総会等において継続の日を定めたときはその定めた日、継続の日を定めなかったときは継続の決議の日をいうとされている（法基通1-2-4）。

5　みなし解散に対する納税者の認識と効力

　休眠会社のみなし解散については、前述（1(1)リ）したところであるが、株式会社について、役員の重任等、本来、登記すべき事項を長期間懈怠し続けているような休眠会社に対して一定の官報公告をすることを要件として、解散したものとみなすこととされている[22]。このみなし解散の事実やそれに基づく事業年度等の変更の事実を知らなかったとしても、その効果に影響が生じることはないとする次の裁判例がある。

【参考判決】東京高判平成31年3月14日[23]

> 株式会社のみなし解散は、役員の重任等、本来、登記すべき事項

21）欠損金の繰戻し還付を早期に受けるために欠損事業年度において事業年度を変更した事例（大阪地判昭和53年5月26日・後記Ⅲ.2参照）
22）休眠会社（最後の登記をしてから12年経過したもの）に対して行う（会社472）。（法務省：令和4年度の休眠会社等の整理作業（みなし解散）について（moj.go.jp））

> につきこれを長期間懈怠し続けていることを前提にして、このような休眠会社に対して一定の官報公告をすることを要件にして、当然に解散の効果をもたらすものであるから、当事者が当該官報公告を認識しているか否か、みなし解散の発生につき通知がされたか否かによってその効果の発生は影響を受けない。同様に、みなし解散となった場合の法人税法上の事業年度や確定申告書の提出期限についても法令により明定されているものであり、当事者の認識の有無にかかわらず、その定めに基づいて、納税義務が生じることになる。したがって、本件においても、控訴人がみなし解散の事実やそれに基づく上記事業年度等の変更の事実を知らなかったとしても、それをもって本件処分の効力に影響が生じることはない。

　休眠会社に対するみなし解散手続が取られた場合に、そのみなし事業年度での申告を怠った場合、青色欠損金の繰越控除が「連続して確定申告書を提出」することを要件（法法57⑩）としていることから、その適用を受けることができなくなる。

　なお、この場合の「連続して確定申告書を提出」における確定申告書は、期限後申告でも構わない（法法２三十一）。

6　変更の届出と効果

　法人が定款等に定める事業年度を変更した場合でも、法人税法第15条の届出をしない限り、法人税法上の事業年度を変更する法律上の効果を

23）税務訴訟資料第269号-29（順号13252、４で掲げた東京地判平成30年10月23日の控訴審）、最判令和元年10月３日上告棄却決定

生じないとする次の裁判例がある。

【参考判決】東京高判昭和54年4月16日[24]

> 　法人税法21条は「内国法人に対して課する各事業年度の所得に対する法人税の課税標準は、各事業年度の所得の金額とする。」と規定しており、法人の所得や税額を算出する基礎となる単位として、事業年度が重要な意味を有しているものであるところ、<u>事業年度とは、通常、営業年度その他これに準ずる期間（営業年度等という。）で、法令で定めるもの又は法人の定款、寄付行為、規則もしくは規約（定款等という。）に定めるものをいうとされているのである（同法13条1項参照）</u>。このように、法人の定める営業年度等を税法上の事業年度として受入れるという原則をとる限り、法人がその営業年度等を変更した場合には、税務当局において、当然これを正確に把握しておく必要がある。このため、同法15条は、営業年度等を変更した場合等は、法人において、遅滞なく、その納税地の所轄税務署長にこれを届け出なければならない旨定めているのである。そこで、法人税法15条の規定の性質について検討するに、そもそも<u>法人の営業年度等は、登記事項ではなく（民法46条、商法188条2項等参照）、また、定款等の必要的記載事項でもない（民法37条、商法166条1項等参照）こと等からすると、法人からの届出がない限り、税務当局においてその営業年度等の変更を了知し、これを把握することはきわめて困難であるといわなければならない</u>。したがつ

24）最高裁判所高等裁判所判例集第32巻第1号113頁

て、もし、営業年度等の変更が、同法15条による届出をまたずに、直ちに税法上の事業年度の変更の効果を生ずるとするならば、税務行政上不測の混乱を招き、適正な租税収入の確保に重大な支障をきたすことにもなりかねないであろう。そうしてみると、法人税法15条は、単なる注意規定と解すべきではなく、たとえ、法人が定款等に定める営業年度を変更した場合でも、同条所定の届出をしない限り、法人税法上の事業年度を変更する法律上の効果を生じないと解するのが相当である。

II 解散の場合の設立当初からの欠損金の損金算入

　法人税法第57条第１項は事業年度開始の日前10年以内に開始した事業年度において生じた欠損金額を青色欠損金としているが、解散して清算中の法人については、一定の場合には青色欠損金とともに、10年以上前の欠損金（いわゆる期限切れ欠損金）を青色欠損金に加えて控除を行うことを認め、清算中の法人に所得が生じないようにする「設立当初からの欠損金の損金算入」制度が設けられている。この清算中の法人に課税所得を生じさせないための本制度の理解は、債務免除益、私財提供益及び資産処分益等といった臨時の益金の額が生じる清算中の法人においては重要な制度である[25]。

1　概要

　会社更生法、民事再生法による手続開始の決定を受けた法人が債権者から債務免除を受けた場合、役員等[26]から私財提供を受けた場合又は資産の評価損益が生じた場合には、青色欠損金及びそれ以外の期限切れ欠損金を含む法人全体の欠損金（設立当初からの欠損金）を使用して、これらの債務免除益等を控除することができる（法法59①②③、法令

---

[25] 事業再生の場面において、第二会社方式を適用する際にも BAD 会社は清算することから、この制度の理解は重要になる（後記Ⅲ.１(2)ハの図参照。）。

[26] 役員等とは、役員若しくは株主等である者又はこれらであった者という（法法59①二）。

116の2～117の4。以下、これを「継続方式による設立当初からの欠損金の損金算入の規定」という。）。

　一方解散の場合は清算中の法人は、いくら債務免除益や資産処分による譲渡益等に係る益金が生じたとしても、残余財産がない限りそれらの益金に見合う担税力を有しているとは言えない。また、平成22年度税制改正前は、清算中の内国普通法人等（内国法人である普通法人又は協同組合等をいう。）に対しては、通常の損益計算により所得計算を行う各事業年度の所得に対する法人税ではなく、財産計算により所得計算を行う清算所得に対する法人税[27]が課される清算所得課税が適用されていたことから、清算中の法人に残余財産がないと見込まれる場合においても、設立当初からの欠損金を使用できることとされている[28]（法法59④、法令117の5）。

2　内容

　法人が解散した場合において、残余財産がないと見込まれるときは、その清算中に終了する事業年度（「継続方式による設立当初からの欠損金の損金算入の規定」の適用を受ける事業年度を除く。）の所得の金額の計算上、次の①、②のいずれか少ない金額が損金の額に算入される（法法59④、法令117の5）。

① 　繰越欠損金額（設立当初からの欠損金）[29]から当期に繰越控除に使用された青色欠損金を控除した金額（いわゆる期限切れ欠損金額）

27）残余財産の価額が解散時の資本金等の額及び利益積立金額等の合計額を超える場合のその超える部分を清算所得の金額（課税標準）として課される法人税をいう（平成22年改正前法法92他）。

28）泉恒有他『平成22年版　改正税法のすべて』276頁（大蔵財務協会・2010年）

② この規定を適用しないで計算した当期の所得金額[30]（法人税申告書別表四の差引計の金額から青色欠損金の繰越控除額を控除した金額）

これは、設立当初からの欠損金の金額（上記①）のうち、課税所得金額（上記②）に達するまでの金額が損金の額に算入されるという意味である。

(1) 控除対象となる所得金額

この規定は、会社更生法、民事再生法のよる手続開始の決定を受けた法人に適用される「継続方式による設立当初からの欠損金の損金算入の規定」と異なり、欠損金の控除対象となる所得金額が債権者からの債務免除益、役員等の私財提供による受贈益、資産の評価益に限定されておらず、青色欠損金の繰越控除によってもなお残存する所得金額が控除対象となる。したがって、債務免除益等に限らず、資産の処分による譲渡益その他の益金であっても控除が可能である。

(2) 適用順序（青色欠損金の繰越控除との優劣）

この規定は、青色欠損金の繰越控除を適用してもなお所得金額がある場合に適用され、「継続方式による設立当初からの欠損金の損金算入の規定」のように青色欠損金の繰越控除に対する優先適用はない（法法59

---

29) 期首の利益積立金額のマイナス金額（法人税申告書別表五（一）Ⅰの期首現在利益積立金額（①）の差引合計額（31欄）の金額がマイナスである場合のその金額）をいい、その金額が、法人税申告書別表七（一）に控除未済欠損金額として記載されるべき金額に満たない場合には、その控除未済欠損金額として記載されるべき金額により（法基通12-3-2）、資本金等の額がマイナスの場合には、その資本金等の額のマイナス金額も含める（法令117の5一括弧書き）。
30) 残余財産の確定の日の属する事業年度に係る事業税及び特別法人事業税の損金算入の規定（法法62の5⑤）の適用がある場合には、この規定についても適用しないで計算した所得金額となる。

④括弧書き)[31]。

(3) 設立当初からの欠損金の損金算入額（使用額）の内訳

　設立当初からの欠損金は、青色欠損金の部分とそれ以外の期限切れ欠損金の部分から成るが、この設立当初からの欠損金の損金算入においては、当期における青色欠損金の繰越控除に使用されていない青色欠損金の部分から先に使用されたものとされ、次いで期限切れ欠損金の部分が使用されたものとされる（法法57⑤、法令112⑫一ハ、二ロ）。

　なお、この規定の適用により使用されたものとされた青色欠損金は、翌期以降に繰り越すことはできない。

(4) 残余財産がないと見込まれることの判定等

　残余財産がないと見込まれるかどうかの判定は、清算中に終了する各事業年度終了の時の現況により行われ（法基通12-3-7)[32]、一般的には、その事業年度終了の時に債務超過の状態にあれば、残余財産がないと見込まれると判定される（法基通12-3-8)[33]。

　その疎明資料としては、例えば、法人の清算中に終了する各事業年度終了の時の実態貸借対照表（法人の有する資産及び負債の価額[34]により作成される貸借対照表をいう。）が該当するが（法基通12-3-9）、公

[31) 「継続方式による設立当初からの欠損金の損金算入の規定」のうち、民事再生法による手続開始の決定を受けた法人が一定の資産評定を行わない場合（法法59③）についても、青色欠損金の繰越控除に対する優先適用はない。

32) その後の状況が変わって見込みと異なる結果となったとしても、過去において行ったいわゆる期限切れ欠損金の損金算入に影響は与えない（平成22年10月6日付法人税課情報第5号他「平成22年度税制改正に係る法人税質疑応答事例（グループ法人税制その他の資本に関係する取引等に係る税制関係）（情報）」「問9　残余財産がないとの見込みが変った場合の期限切れ欠損金額の取扱い」）。

33) 前掲注32「問10　残余財産がないと見込まれることの意義」

的機関が関与又は一定の準則に基づき独立した第三者が関与して策定された事業再生計画に基づいて清算手続が行われる場合には、公的機関又は独立した第三者の調査結果で会社が債務超過であることを示す書面が該当する[35]。

(5) 仮装経理により実在性のない資産を計上している場合

上記2①の繰越欠損金額（設立当初からの欠損金）とは、前述のとおり、その事業年度の確定申告書に添付する法人税申告書別表五（一）の「利益積立金額及び資本金等の額の計算に関する明細書」に期首現在利益積立金額の合計額として記載されるべき金額で、その金額がマイナスである場合のその金額、すなわち利益積立金額のマイナス金額（及び資本金等の額のマイナス金額）によることとされている（法基通12-3-2）。

したがって、過去に仮装経理による過大申告を行ったために架空在庫や架空売掛金等の実在性のない資産を計上しているような法人の場合には、実質債務超過の状態であったとしても帳簿上・申告書上は資産超過の状態であり、繰越欠損金額（利益積立金額のマイナス金額）がない状態であることが想定される。実質債務超過状態で帳簿上・申告書上実在性のない資産を計上しているために資産超過となっている法人については、従前の清算所得課税であれば過去の仮装経理に係る過大申告の減額更正のいかんにかかわらず、最終的に残余財産がないことから課税所得

---

34) 法人が実態貸借対照表を作成する場合における資産の価額は、その事業年度終了の時における処分価格によるのであるが、法人の解散が事業譲渡等を前提としたもので法人の資産が継続して他の法人の事業の用に供される見込みであるときには、その資産が使用収益されるものとしてその事業年度終了の時において譲渡される場合に通常付される価額による（法基通12-3-9(注)）。

35) 前掲注32「問10 残余財産がないと見込まれることの意義」

は生じなかったのであるが、現行の課税（各事業年度の所得課税）では、残余財産がないにもかかわらず債務免除益等による課税が生じる事態が懸念される。

そこで、このような実在性のない資産がある場合において、次のとおり取り扱われることが国税庁の質疑応答により明らかにされている[36]。

<実在性のない資産の処理方法>

実在性のない資産が生じた事業年度	処理方法
① 更正期限内の事業年度である場合	修正の経理を行い、確定申告書の提出後、税務署長の更正を受けることにより繰越欠損金額（青色欠損金額）とする。
② 更正期限を過ぎた事業年度である場合	修正の経理を行い、確定申告書において期首の利益積立金額から減算して繰越欠損金額（期限切れ欠損金額）とする。
③ 不明である場合（法的整理手続又は公的機関が関与又は一定の準則に基づき独立した第三者が関与して策定された事業再生計画に限る。）	同上（修正の経理を行い、確定申告書において期首の利益積立金額から減算して繰越欠損金額（期限切れ欠損金額）とする。）

したがって、法人が仮装経理により実在性のない資産を計上していた場合には、仮にその計上根拠等が不明であったとしても、法人において修正の経理を行い、その修正の経理を行った事業年度の確定申告書上で、その実在性のない資産の帳簿価額に相当する金額を過去の事業年度から繰り越されたものとして期首利益積立金額から減算することにより、繰

---

[36] 前掲注32「問11　実在性のない資産の取扱い」

越欠損金額（期限切れ欠損金額）とすることが可能となる。

　また、ここにいう「修正の経理」とは、確定決算において「前期損益修正損」等として経理することにより修正の事実を明らかにすることと一般に取り扱われてきたが（大阪地判平元.6.29）、「会計上の変更及び誤謬の訂正に関する会計基準（企業会計基準第24号）」[37]導入後の企業会計では、過去の誤謬の訂正は、原則として修正再表示（過去の財務諸表における誤謬の訂正を財務諸表に反映させることをいう。）により行われ、会社法上の計算書類において、過年度の累積的影響額を当期首の資産、負債及び純資産の額に反映するとともに、誤謬の内容等を注記することとされた。この点について、この修正再表示による処理は、「前期損益修正損」等による経理をしたものと同一視し得るものであり、これも修正の経理として取り扱って差し支えないことが国税庁から示されている[38]。

【参考判決】大阪地判平成元年6月29日[39]

> 　法129条2項の修正の経理の意義を考えると、過年度の仮装経理は、当期の営業活動や財務活動ではないから、右仮装経理による損益の修正は、企業会計原則（損益計算書原則6特別損益・注解注12

---

[37] この会計基準は、2020年に会計方針の開示に関する項目が追加され「会計方針の開示、会計上の変更及び誤謬の訂正に関する会計基準」に改正されている（改正企業会計基準第24号）。
[38] 平成23年10月20日付法人税課情報第3号他「法人が『会計上の変更及び誤謬の訂正に関する会計基準』を適用した場合の税務処理について（情報）」別紙「問8　仮装経理があった場合の修正経理」
[39] 税務訴訟資料第170号952頁

特別損益項目について）に則れば、特別損益項目中で前期損益修正損等と計上してなされるべきことになる。また、右のような解釈は、企業会計は、企業の財務状態及び経営成績に関して真実の報告を提供しなければならず、財務諸表によつて、利害関係者に必要な会計事実を明瞭に表示し、企業の状況に関する判断を誤らせないようにしなければならないとの企業会計原則の一般原則（真実性の原則及び明瞭性の原則）に合致し、さらには、法がいう一般に公正妥当と認められる会計処理の基準にも合致するというべきであり、また、粉飾決算を防止し併せて真実の経理の公開を確保しようとする前記法の趣旨・目的とも合致するというべきである。したがつて、修正の経理とは、財務諸表（損益計算書）の特別損益の項目において、前期損益修正損等と計上して仮装経理の結果を修正して、その修正した事実を明示することであると解すべきである。

3　事例研究

(1) 設立当初からの欠損金の損金算入額（使用額）の適用順序と内訳

質問

次を前提にした場合のＸ年10月期の所得金額はどのようになるか。

前提 ⅰ　資本金２億円。

　　　ⅱ　Ｘ年10月期、残余財産なし。

　　　ⅲ　設立当初からの欠損金額3,000万円（うち青色欠損金額1,300万円）。

　　　ⅳ　欠損金控除前所得金額1,500万円。

回答・解説

　法人が解散した場合において、残余財産がないと見込まれるときは、その清算中に終了する事業年度の所得の金額の計算上、次の①、②のいずれか少ない金額が損金の額に算入される（法法59④、法令117の5）。

① 繰越欠損金額（設立当初からの欠損金）から当期に繰越控除に使用された青色欠損金を控除した金額（いわゆる期限切れ欠損金額）

　3,000万円（繰越欠損金額）－〔（所得×50％）＝750万円）〕（当期に繰越控除に使用された青色欠損金）＝2,250万円

② この規定を適用しないで計算した当期の所得金額（法人税申告書別表四の差引計の金額から青色欠損金の繰越控除額を控除した金額）

　1,500万円（この規定を適用しないで計算した当期の所得金額）－750万円（青色欠損金の繰越控除額）＝750万円

……①より②が少ないので、期限切れ欠損金のうち750万円を使用することになる。

　欠損金控除前所得金額1,500万円に対して、まず青色欠損金額750万円（＝欠損金控除前所得金額1,500万円の50％）が控除され、次に設立当初からの欠損金額のうち、750万円

　（＝欠損金控除前所得金額1,500万円－青色欠損金額750万円[40]）が損金算入されることで、所得金額は0[41]となる。

　なお、損金算入されなかった青色欠損金額550万円（＝1,300万円－

---

40) 前記2①2,250万円（3,000万円－750万円）＞前記2②750万円（1,500万円－750万円）となり750万円が損金の額に算入される。

41) 欠損金控除前所得金額1,500万円－青色欠損金額750万円－設立当初からの欠損金額750万円＝0

750万円）は、使用されたものとされ、翌期以降に繰り越せず、切り捨てられたものとされ、翌期に繰り越す青色欠損金は存在しないことになる。

(2) **実在性のない資産が把握された場合の処理例**

　ここでは期限切れ欠損金をどう作り出すかについて一例を示す。

　前提[42]：実在性のない資産（売掛金）200、青色欠損金150

　イ　実在性のない資産が更正期限内の事業年度に生じている場合（上記2(5)の表内①の場合）

○　把握した年度の経理処理

```
（会計上）
　前期損益修正損　200　／　売掛金　　　　　200
（税務上）
　売掛金　　　　　200　／　前期損益修正損　200
（申告調整）
　前期損益修正損　200（加算・留保（売掛金））
```

　（会計上）……修正の経理

　（税務上）……当期の損金ではないため、自己否認を行い、会計上の処理がなかったことにする。

---

42) 前掲注32「問11　実在性のない資産の取扱い」の記載事例に基づくものである。

○ 把握した年度の別表四の記載例(抜粋)

区分		総額	処分	
			留保	社外流出
		①	②	③
当期利益又は当期欠損の額	1	△200	△200	
加算	前期損益修正損加算	200	200	
所得金額又は欠損金額	44	0	0	

○ 把握した年度の別表五(一)の記載例(抜粋)

区分		期首	減	増	期末
売掛金				200	200
繰越損益金(損は赤)	26	△150	△150	△350	△350
差引合計額	31	△150	△150	△150	△150

○ 把握した年度の別表七(一)の記載例(抜粋)

事業年度	区分	控除未済欠損金額	当期控除額	翌期繰越額
	青色欠損・連結みなし欠損・災害損失			
X期	青色欠損・連結みなし欠損・災害損失	150		150
計		150		150
当期分	欠損金額	0	欠損金の繰戻し額	
合計				150

○ 税務当局による把握した年度の減額更正

```
（税務上）
  売上過大計上      200  ／ 売掛金      200
  青色欠損金の翌期繰越額    350
```

把握した年度の経理処理を前提として、税務当局が減額更正を行う。具体的には、売掛金200を否認、売上の過大計上として損金に算入され、実在性のない資産（売掛金）200、青色欠損金150のところ、青色欠損金が200増加し、翌期の青色欠損金350となる。

○ 把握した次年度の処理

```
（会計上）
  負債          200  ／ 債務免除益     200
（税務上）
  青色欠損金（200）の損金算入
（申告調整）
  欠損金の当期控除額    200（減算・流出※）
```

○ 把握した次年度の別表四の記載例（抜粋）

区分		総額	処分	
			留保	社外流出
		①	②	③
当期利益又は当期欠損の額	1	200	200	
欠損金の当期控除額	42	△200		※ △200
所得金額又は欠損金額	44	0	200	※ △200

○ 把握した次年度の別表五(一)の記載例(抜粋)

区分		期首	減	増	期末
繰越損益金(損は赤)	26	△350	△350	△150	△150
差引合計額	31	△350	△350	△150	△150

○ 把握した次年度の別表七(一)の記載例(抜粋)

事業年度	区分	控除未済欠損金額	当期控除額	翌期繰越額
X期	青色欠損・連結みなし欠損・災害損失	350	200	150
	青色欠損・連結みなし欠損・災害損失			
	計	350	200	150
当期分	欠損金額	0	欠損金の繰戻し額	
	合計			150

Ⅱ 解散の場合の設立当初からの欠損金の損金算入

ロ 実在性のない資産が更正期限を過ぎた事業年度に生じている場合
（上記2⑸「＜実在性のない資産の処理方法＞」内の②、③の場合）

○ 把握した年度の経理処理

```
（会計上）
    前期損益修正損    200    ／    売掛金        200
（税務上）
    利益積立金額      200    ／    売掛金        200
    （期限切れ欠損金   200）
（申告調整）
    前期損益修正損    200（加算・留保（売掛金））
    除斥期間経過分受入   △200（五表の期首利益積立金額による受入）
```

○ 把握した年度の別表四の記載例（抜粋）

区分		総額	処分	
			留保	社外流出
		①	②	③
当期利益又は当期欠損の額	1	△200	△200	
加算	前期損益修正損加算		200	200
所得金額又は欠損金額	44	0	0	

○ 把握した年度の別表五(一)の記載例(抜粋)

区分	期首	減	増	期末
売掛金			200	200
除斥期間経過分受入（売掛金）	△200			△200
繰越損益金（損は赤）26	△150	△150	△350	△350
差引合計額 31	△350	△150	△150	△350

実在性のない資産の帳簿価額に相当する金額（200）を、過去の事業年度から繰り越されたものとして、別表五(一)の期首利益積立金額から減算する。

売掛金について、前期損益修正損の加算分（200）と除斥期間経過の受入分（△200）が相殺されるため、別表五(一)上、翌期（把握した次年度）へ繰り越す金額はない。

○ 把握した年度の別表七(一)の記載例(抜粋)

事業年度	区分	控除未済欠損金額	当期控除額	翌期繰越額
	青色欠損・連結みなし欠損・災害損失			
X期	青色欠損・連結みなし欠損・災害損失	150		150
	計	150		150
当期分	欠 損 金 額	0	欠損金の繰戻し額	
	合計			150

Ⅱ 解散の場合の設立当初からの欠損金の損金算入

〇 把握した次年度の処理

(会計上)
　負債　　　　　　　200　／　債務免除益　　　200
(税務上)
　青色欠損金（150）及び期限切れ欠損金（50）の損金算入
(申告調整)
　欠損金の当期控除額　200（減算・流出※）

〇 把握した次年度の別表四の記載例（抜粋）

区分		総額	処分	
			留保	社外流出
		①	②	③
当期利益又は当期欠損の額	1	200	200	
欠損金の当期控除額	42	△200		※　△200
所得金額又は欠損金額	44	0	200	※　△200

〇 把握した次年度の別表五（一）の記載例（抜粋）

区分		期首	減	増	期末
繰越損益金（損は赤）	26	△350	△350	△150	△150
差引合計額	31	△350	△350	△150	△150

○ 把握した次年度の別表七（一）の記載例（抜粋）

事業年度	区分	控除未済欠損金額	当期控除額	翌期繰越額
X期	青色欠損・連結みなし欠損・災害損失	150	150	0
	青色欠損・連結みなし欠損・災害損失			
計		150	150	0
当期分	欠 損 金 額	0	欠損金の繰戻し額	
合計				0

○ 把握した次年度の別表七（二）の記載例（抜粋）

Ⅲ 解散の場合の欠損金の損金算入に関する明細書

債務免除による利益の内訳	債務の免除を受けた金額	23		欠損金額の計算	適用年度終了の時における前事業年度以前の事業年度から繰り越された欠損金額	27	（注）350
	私財提供を受けた金銭の額	24			欠損金又は災害損失金の当期控除額（別表七（一）「2の計」）	28	150
	私財提供を受けた金銭以外の資産の価額	25			差 引 欠 損 金 額 (27)－(28)	29	200
	計 (23)＋(24)＋(25)	26			所 得 金 額 （別表四「41の①」）－(28)	30	50
					当 期 控 除 額 (~~(26)~~)－(29)と(30)のうち少ない金額)	31	50

Ⅱ 解散の場合の設立当初からの欠損金の損金算入

(23欄から26欄までは、法人税法第59条第2項の規定の適用を受ける場合に記載し、同条第3項の規定の適用を受ける場合には記載する必要はない。)

(注) 前事業年度以前の事業年度から繰り越された欠損金額の合計額は、当期(把握した次年度)の別表五(一)の期首現在利益積立金額の合計額(マイナスの金額)となる(基通12-3-2)。

Ⅲ 仮装経理の是正・還付等

　法人の解散等の場面において、仮装経理を行っている事例が散見される。このような場合、過大な税金を納めていることもあるのでその取戻しは重要である。また、税務上の欠損金も生じていないことになっていることから、債務免除益等の臨時に発生する益金の額が損金の額を上回ることになり、課税が生じることが少なくない。したがって、このような場合には直ちにその是正処理を行うことが重要となる。

1 概要

(1) 仮装経理による過大申告と更正の特例

　法人が過大申告をし、法人税額を過大納付した場合に、税務署長は申告書の提出期限から5年間（税金を還付する場合）、純損失等の金額（欠損金額）を増加させる更正若しくは欠損金額があるものとする更正については10年間（平成30年4月1日前に終了した事業年度において生じた欠損金額を増加させる更正若しくは欠損金額があるものとする更正については9年間）は調査により更正（いわゆる職権減額更正）をすることができることとされている（国税通則法70①②、平成27年度改正法附則53③)[43]。

　すなわち、欠損金を増加させる又は計上していない欠損金を認める期限が10年であり、税金を還付する場合の更正期限が5年である。

　しかしながら、法人税法には、仮装経理による過大申告の更正につい

て、仮装経理に基づく過大納付が申告納税制度の趣旨からみても好ましくなく、また、粉飾決算をなくして真実の経理公開を確保しようという要請とも相容れないこと[44]から一定の特例が設けられている[45]。

すなわち、法人が提出した申告書に記載された各事業年度の所得の金額がその事業年度の課税標準とされるべき所得の金額を超えている場合において、その超える金額のうちに事実を仮装して経理したところに基づくものがあるときは、税務署長は、その事業年度の所得に対する法人税につき、その事実を仮装して経理した内国法人がその各事業年度後の各事業年度において、納税者自らがその事実に係る修正の経理をし、かつ、その修正の経理をした事業年度の確定申告書を提出するまでの間は、更正をしないことができることとされている（法法129①）[46]。

この場合の「仮装経理」とは、架空売上、架空在庫の計上、仕入れ債務の過少計上といった事実に反する経理のことであり、資産の評価益を計上するといったことは税法の解釈の誤りであることから、いわゆる粉飾決算には該当するが仮装経理には該当しないと解されている[47]。

また、「修正の経理」とは、前述のとおり、確定決算において「前期

---

43) 更正の請求ができる期間が法定申告期限から5年とされ、法人税の純損失等の金額（欠損金額）に係る更正の請求ができる期間については10年（平成30年4月1日前に終了した事業年度において生じた欠損金額を増加させる更正若しくは欠損金額があるものとする更正については9年間）とされている（国税通則法23①、平成27年度改正法附則53①）。
44) 大阪地判平成元年6月29日
45) 国税通則法に規定する事項で「他の国税に関する法律に別段の定めがあるもの」は、その定めるところによることとされている（国税通則法4）。
46) 地方税についても同様の取扱いを受けることになるが、消費税等については、このような規定がないことから調査後の金額に基づき更正がされることになる。
47) 『昭和41年版　改正税法のすべて』68頁（大蔵財務協会・1966年）

損益修正損」等として経理することにより修正の事実を明らかにすることと一般に取り扱われてきたが（大阪地判平元.6.29）、「会計方針の開示、会計上の変更及び誤謬の訂正に関する会計基準（企業会計基準第24号）」[48] 導入後の企業会計では、過去の誤謬の訂正は、原則として修正再表示（過去の財務諸表における誤謬の訂正を財務諸表に反映させることをいう。）により行われ、会社法上の計算書類において、過年度の累積的影響額を当期期首の資産、負債及び純資産の額に反映するとともに、誤謬の内容等を注記することとされた。この点について、この修正再表示による処理は、「前期損益修正損」等による経理をしたものと同一視し得るものであり、これも修正の経理として取り扱って差し支えないことが国税庁から示されている[49]。

したがって、仮装経理に対する減額更正を受けるためには、受けようとする事業年度に係る修正の経理をして、その決算に基づく確定申告書を提出することになる[50]。なお、「前期損益修正損」等による修正の経理を行った場合、その損等は当期の損金ではないことから基本的には自己否認を行うことになる。

また、更正期限等の関係で、減額更正を急ぎ受けようとする場合には、決算期変更等により事業年度を前倒しして決算及び確定申告を行うことを検討する必要がある[51]。

---

48) 前掲注37参照。
49) 前掲注38参照。
50) 「修正の経理」の具体的な処理については、前記Ⅱ2(5)及び同3(2)を参照されたい。
51) 後記2の参考判決参照。

【参考裁決】国税不服審判所昭和62年11月6日裁決[52]（仮装経理した損失が修正経理を行った事業年度の損金の額に算入されないとされた事例）

> イ 当審判所が請求人提出資料及び原処分関係資料を調査したところによれば、次の事実が認められ、これについては、請求人及び原処分庁の双方に争いがない。
>
> ㈠ 請求人は、8事業年度にわたり仮装経理に基づき所得金額を過大に申告していたこと。
>
> ㈡ 本件損益修正損の額は、前記㈠の仮装経理に基づき過大に申告した所得金額に相当する金額であり、請求人は、これを本件事業年度の確定した決算において過年度損益修正損として一括計上して、法人税の確定申告をしたこと。
>
> ㈢ 原処分庁は、本件事業年度の更正処分をするとともに、請求人が直前4事業年度にわたり仮装経理に基づき過大に申告した所得金額については、各事業年度について減額更正処分をしたこと。
>
> ㈣ 請求人が本件事業年度の損金の額に算入すべきであると主張する前記2の(1)のハの他の4事業年度の過大所得金額は、前記㈠の金額の一部であり、4事業年度にわたり仮装経理に基づき過大に申告した所得金額の合計額に相当する金額であること。
>
> ㈤ 原処分庁は、国税通則法第70条第2項の規定により他の4事業年度の過大所得金額については、減額更正処分をしていない

---

52) 東京国税不服審判所『裁決事例集Ⅳ法人税（下）』1436頁

こと。
ロ　以上の認定事実に基づいて判断すると、次のとおりである。
　(イ)　法人の各事業年度の所得の金額の計算上損金の額に算入されるためには、その金額がその事業年度において生じたものであることが必要であるところ、本件損益修正損の額は、本件事業年度において生じたものでないことは前記イの認定事実より明らかである。
　(ロ)　そうすると、請求人が本件事業年度の損金の額に算入すべきであると主張する他の4事業年度の過大所得金額は、たとえこれまでに損金の額に算入する機会がなかつたとしても、本件事業年度の損金になるものではない。
　(ハ)　なお、前記イの(ホ)のとおり、原処分庁が他の4事業年度の過大所得金額について減額更正処分をしなかつたのは、国税通則法に規定する5年の期間制限によるものであることが認められるが、原処分庁のこの措置は、当審判所においても正当であると認められる。

(2)　過大納付税額の還付・充当
　イ　仮装経理法人税額に係る還付金の取扱い
　　法人の提出した確定申告書に記載された各事業年度の所得の金額がその事業年度の課税標準とされるべき所得の金額を超え、かつ、その超える金額のうちに事実を仮装して経理したところに基づくものがある場合において、税務署長がその事業年度の所得に対する法人税につき更正をしたときは、その内国法人が提出した確定申告書に記載されたその事業年度の所得に対する法人税の額として納付されたもののう

ちその更正により減少する部分の金額でその仮装して経理した金額に係るもの（「仮装経理法人税額」という。）は、下記ロ及びハの規定の適用がある場合並びにニの適用が認められた場合のこれらの規定による還付金の額を除き、還付しないこととされている（法法135①、法令175①）。つまり、ロ及びハは適用があれば還付され、ニについては請求して認められた場合にはじめて還付される。

なお、その仮装経理により過大申告となった事業年度終了の日からその更正の日の前日までの間に下記ハ又はニに掲げる事実が生じた場合には、この還付の制限規定の適用を受けずに直ちに還付を受けることができることとされている（法法135①かっこ書）。

ロ　確定法人税額の還付

法人の上記イの更正の日の属する事業年度開始の日前1年以内に開始する各事業年度の所得に対する法人税の額でその更正の日の前日において確定しているもの（「確定法人税額」という。）があるときは、税務署長は、その内国法人に対し、その更正に係る仮装経理法人税額のうちその確定法人税額（既に還付すべき金額の計算の基礎となったものを除く。）に達するまでの金額を還付することとされている（法法135②）。

ハ　仮装経理法人税額の還付

上記イの規定の適用があった法人（「適用法人」という。）について、その更正の日の属する事業年度開始の日から5年を経過する日の属する事業年度の確定申告書の提出期限（その更正の日からその「5年を経過する日の属する事業年度」までの間にその適用法人につき、次の事実が生じたときは、その事実が生じた日の属する事業年度の確定申告書の提出期限等）が到来した場合には、税務署長はその適用法人に

対し、その更正に係る仮装経理法人税額（既に還付すべきこととなった金額及び下記ホにより税額控除された金額を除く。）を還付することとされている[53]（法法135③）。

なお、更正を受けた法人税は直ちに還付されるのではなく、5年間は還付されないが、次に掲げる事実が生じた場合には直ちに還付されることになる。

① 残余財産が確定したこと
② 合併（適格合併を除く。）による解散をしたこと
③ 破産手続開始の決定による解散をしたこと
④ 普通法人又は協同組合等が公益法人等に該当することとなったこと

＜第二会社方式の利用により残余財産を確定させる方法＞

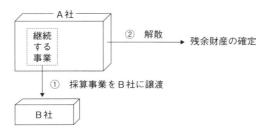

---

[53] 解散があった場合に未だ還付・税額控除されていない金額を即時還付する規定は、平成21年度税制改正により新たに加えられているが、実務上は、それ以前も法人が解散した場合には即時還付が認められていた（国税不服審判所昭和46年9月27日裁決）。

ニ　会社更生法の規定による更生手続開始の決定があった場合等の還付の請求

　適用法人につき次に掲げる事実が生じた場合には、その適用法人は、その事実が生じた日以後１年以内に、納税地の所轄税務署長に対し、その適用に係る仮装経理法人税額（既に還付されるべきこととなった金額及び下記ホにより税額控除された金額を除く。）の還付を請求することができることとされている（法法135④、法令175②、法規60の２①）。

① 　更生手続開始の決定があったこと
② 　再生手続開始の決定があったこと
③ 　①、②に掲げる事実に準ずる事実として一定のもの[54]

　なお、税務署長は、還付請求書の提出があった場合には、その事実等について調査をし、還付等をすることとされている（法法135⑦）。

　したがって、原則として調査が行われるため、適用を受けるためには調査に対応しなければならない。

ホ　仮装経理に基づく過大申告の場合の更正に伴う法人税額の控除

　法人の各事業年度開始の日前に開始した事業年度の所得に対する法人税につき税務署長が更正した場合において、その更正につき上記イの規定の適用があったときは、その更正に係る仮装経理法人税額（既に還付されるべきこととなった金額及びこの規定により税額控除され

54）①特別清算開始の決定、②法令24条の２第１項（再生計画認可の決定に準ずる事実等）に規定する事実、③債権者集会の協議決定で合理的な基準により債務者の負債整理に関する計画の決定、④行政機関、金融機関その他第三者のあっせんによる当事者間の協議による③に準ずる内容の契約の締結（法令175②、法規60の２①）

た金額は除く。）は、その各事業年度（その更正の日以後に終了する事業年度に限る。）の所得に対する法人税の額から控除することとされている（法法70）。

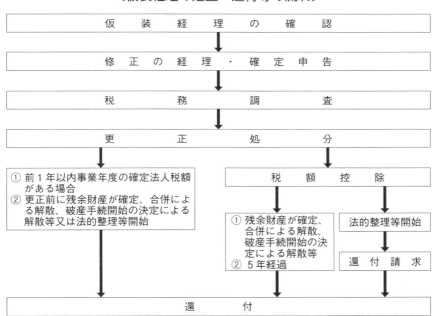

＜仮装経理の是正・還付等の流れ＞

2 事例研究（仮装経理の是正と更正期限）

> **質問**
>
> 　A社（年1回3月決算法人）は、平成31年3月期及び令和2年3月期において仮装経理（受取手形、売掛金、棚卸資産の過大計上と支払手形、買掛金の過少計上）を行い、本来は欠損金が生じるとこ

ろを過大申告し法人税を納税していた。

そこで、当期（令和6年3月期）において、仮装経理にかかる修正の経理をしたうえで確定申告を行い、税務署長による更正（減額更正）を受けることを考えている。

A社の場合、過大申告してきた法人税額は全てにつき更正を受けることができるか。また、更正を受けた法人税は直ちに還付されるか。

回答

過大申告してきた法人税額の一部は、更正を受けることはできない。

また、原則として更正を受けた法人税は直ちに還付されない。ただし、一定の場合には直ちに還付を受けることができる。

解説

法人税法上、過年度において仮装経理により過大申告を行っていた場合には、法人自らがその修正の経理を行い、その処理に基づく確定申告書を提出するまで税務署長は更正をしないことができることとされている（法法129①）。

ところで、このような場合のいわゆる減額更正については、法定申告期限から5年を経過したときにはできないこととされている（国税通則法70①）。

なお、欠損金額にかかる減額更正については、その期間は10年間（平成30年4月1日前に終了した事業年度において生じた欠損金額を増加させる更正若しくは欠損金額があるものとする更正については9年間）となることとされている（国税通則法70②、平成27年度改正法附則53③）。

本件の場合、令和2年3月期分の法人税については、その更正期限は令和7年5月末であり特に問題はない。平成31年3月期分の法人税については、その更正期限が原則令和6年5月末であるが、更正期限前6か月以内にされた更正の請求については、特例として更正の請求のあった日から6か月を経過する日までできることとされている（国税通則法70③）。

　なお、平成31年3月期分の法人税の減額更正を急ぎ受けようとする場合には、決算期変更等により事業年度を前倒しして決算及び確定申告を行うことを検討する必要がある。

【参考判決】 大阪地判昭和53年5月26日[55]（決算期変更をすることは可能なのか）

> 　ところで、いわゆる事業年度独立の原則（法人税法第二一条）を貫くときは所得額に変動のある数年度を通じて所得計算して課税するのに比較して税負担が過重となる場合が生ずるのでその緩和を図る必要がある（最高一小昭四三・五・二判、民集二二巻五号一〇六七頁）。そこで、法人税法は、ある事業年度に欠損が生じた場合、一定の要件のもとに、当該欠損事業年度開始の日後五年以内に開始した事業年度にその欠損金額を繰り越す（法人税法第五七条第一項）こととし、さらに、本件のように法人が解散したときにおける清算所得の金額は従前の事業年度において生じた欠損金額に相当する金額を控除して計算する（法人税法第九二条、第九三条第一項）

55）税務訴訟資料第101号462頁

こととしたが、それにとどまらず、法人は当該事業年度より前の事業年度にその欠損金額を繰り戻すことができる（法人税法第八一条）こととして、その限度において事業年度の障壁を取り払ってその成果を通算することとした（もっとも、法人の解散等法人税法第八一条第四項、同法施行令第一五六条の定める事実があるときは、実際上、法人税法第五七条第一項の規定の適用を受けることが困難となるが、そのため法人税法第八一条第四項は右事実が生じた事業年度以外の一定の事業年度をも、欠損金額があるとき、欠損事業年度とし、これに対応して還付所得事業年度となる事業年度を増加させ、よって欠損金の繰戻しによる法人税の還付を受けやすくしている）。

　しかし、欠損金の繰戻しは、欠損金の繰越しと異なり、これによって法人税の還付を求めるかどうか、また、どの範囲で法人税の還付を求めるかは当該法人の自由な意思にかからしめられており（法人税法第八一条第一項、第四項。ただし、還付を受けるべき金額の計算の基礎となった欠損金額は繰越しの対象となる欠損金額から除外される等同一の欠損金について欠損金の繰戻しと繰越しとを重複してすることはできないものとされている（法人税法第五七条第一項、第八一条第四項。））、しかも事業年度は法人が自から定め、変更することができる（法人税法第一三条第一項、第一五条）から、欠損金の繰戻しによる法人税の還付を受けようとする法人は、自己の判断によって、欠損事業年度の期間を一年より短くして早急に比較的少額の法人税の還付を受けることも、欠損事業年度を一年として後れて比較的多額の法人税の還付を受けることもできる（繰戻しによる還付を受けるべき金額の計算の基礎となった欠損金以外の

欠損金が翌事業年度以降に繰り越されることとなるのは当然である。）のである。

<本件における事業年度と更正期限の関係>

H30.4.1　H31.4.1　R2.4.1　R3.4.1　R4.4.1　R5.4.1　R6.4.1　R7.4.1　R8.4.1

仮装経理事業年度／仮装経理事業年度／修正経理事業年度

R6.5.31　R6年3月期申告期限

R1.5.31　①　②　③　④　⑤　R6.5.31　⋯　⑩　R11.5.31
R1年3月期申告期限　　法人税額の更正期限　　欠損金額の更正期限

R2.5.31　①　②　③　④　⑤　R7.5.31　⋯　⑩　R12.5.31
R2年3月期申告期限　　法人税額の更正期限　　欠損金額の更正期限

　仮に令和7年3月期中に減額更正された場合には、その時点で既に残余財産の確定あるいは法的整理や合理的な私的整理が開始している場合には、減額更正された法人税額の全額が直ちに還付される（法法135①かっこ書（上記1⑵イ））。

　また、そのような事由が生じていなくとも、その前事業年度である令和6年3月期分の確定法人税額に達するまでの金額は、直ちに還付される（法法135②（上記1⑵ロ））。それ以外の金額については、その後の事業年度において生ずる法人税額から税額控除することにより取り戻されることとなり、更正の日の属する事業年度開始の日から5年を経過する日の属する事業年度の確定申告期限（その更正の日からその「5年を経過する日の属する事業年度」までの間に残余財産の確定その他一定の

事実が生じたときは、その事実が生じた日の属する事業年度の確定申告書の提出期限等）までに控除未済額がある場合には、その時点でその全額が還付される（法法135③（上記1(2)ハ））。

また、その間に法的整理や合理的な私的整理が開始した場合には、その時点で控除未済額の全額の還付を請求することができる（法法135④（上記1(2)ニ））。

【参考事例】 前橋地判平成14年6月12日[56)57)]

> (1) 概要
>
> 　税理士であるYは、昭和53年4月頃からX社の前代表取締役から依頼を受けて、その税務顧問となり、毎期、X社の税務申告手続を行い、顧問料・申告手数料を受領していた。
>
> 　平成8年5月頃以降、X社の役員の更迭をめぐり交渉が続き、同年6月15日に漸く和解が成立し、X社の経理担当者から後任に決算修正手続が引き継がれ、その際初めて平成2年7月のX社のワラント債売却の事実が判明した。
>
> 　Yは、平成8年7月1日の確定申告（平成7年5月1日から平成8年4月30日までの事業年度）の際、平成2年7月16日及び7月17日に売却したワラント債の売却損を特別損失として計上し、平成8年6月28日、X社の代表者の承認印の押捺を受け、申告期限である

---

56) 最高裁下級裁判所裁判例速報（平成10ワ483損害賠償請求事件）、控訴審は東京高判平成15年2月27日（確定）。
57) 本事例は平成21年度及び平成23年度税制改正前の旧制度下の事件であり、記載した概要等は筆者が要約したものである。

7月1日、M税務署に申告書を提出したが、ワラント債売却損について、減額更正の請求をする方法があり得ることをX社の経理担当者や代表者に説明することはなかった。平成10年1月、X社はM税務署の担当官から、前記の処理につき、誤りがあることを指摘され、Yにワラント債売却損の処理について質問する内容の照会書を送り、Yは、ワラント債売却損を加算しなかったのは、損金であるという認識による旨を回答し、その後平成10年4月、X社は損害賠償を求める催告書をYに送ったところ、Yは、売却損の件は時間をかけて、税務当局と交渉中であり、検討中という回答を受けているから修正申告に応じないようにしないと交渉が無駄になること等をX社に連絡したが平成10年4月28日付けで、M税務署長から更正決定を受けた。これを受け、X社が、顧問税理士Yに対し、委任契約の債務不履行に基づく損害賠償請求をした事案である。

(2) 税理士Y（被告、控訴人）の主張

① 本件ワラント債が、既に平成2年7月ころ売却されていたのを知ったのは、平成7年5月1日から平成8年4月30日までの事業年度の確定申告書提出の直前である平成8年6月20日過ぎに当時の原告の経理責任者から報告を受けた際である。

② 申告期限から1年以上経過した時期において、平成3年4月決算という粉飾した事業年度に遡って修正できないことから、当期である平成8年4月決算において、経費の計上漏れという仮装経理の典型例である特別損失としての計上という唯一とりうる方法で修正したものであり、法人税法129条2項の趣旨にも合致する。

(3) 裁判所の判断

① 有価証券の譲渡損益は、その譲渡に係る契約をした日の属する

事業年度で計上しなければならない（法法61の２）。

② 過大申告をした場合には、法定申告期限から１年間は更正の請求ができる（通則法23①）が、これを経過しても法定申告期限から５年が経過していない場合には、税務署長は減額の更正をすることができる。この場合、仮装経理に基づく過大申告につき修正の経理をした上で、修正経理で特別損失と計上した金額を法人税申告書別表４で加算した確定申告書を提出し、税務署長宛に減額更正を求める嘆願書を提出することになる。なお、修正の経理とは損益計算書の特別損益の項目において、前期損益修正損等と計上して仮装経理を修正してその事実を明らかにすべきものと理解されている。

③ ②の取扱いに関する知識は、税理士として当然に保有・駆使することが期待される程度のものと考えられ、高度に専門的な部類に属するものではない。

＜本件の事業年度と更正期限の関係＞

Ⅳ 欠損金の繰戻し還付請求

1　概要

　青色申告書である確定申告書を提出する事業年度において欠損金額が生じた場合には、繰越欠損金として翌事業年度以降の所得金額から控除することとされているが（法法57①）、欠損金が生じた事業年度（「欠損事業年度」という。）の前1年以内の事業年度（「還付所得事業年度」という。）に法人税の納税額があった場合には、還付所得事業年度の所得に対する法人税の額に還付所得事業年度の所得金額のうちに占める欠損事業年度の欠損金の割合を乗じて計算した金額の法人税の還付を請求することができることとされている（法法80①）。

2　原則的請求の期限

　原則として、欠損事業年度の青色申告書である確定申告書の提出期限が、繰戻し還付の請求期限とされている（法法80①③）。

> **法人税法**
> **（欠損金の繰戻しによる還付）**
> 第80条　内国法人の青色申告書である確定申告書を提出する事業年度において生じた欠損金額がある場合（第4項の規定に該当する場合を除く。）には、その内国法人は、当該確定申告書の提出と

> 同時に、納税地の所轄税務署長に対し、当該欠損金額に係る事業年度（欠損事業年度）開始の日前1年以内に開始したいずれかの事業年度の所得に対する法人税の額に、当該いずれかの事業年度（還付所得事業年度）の所得の金額のうちに占める欠損事業年度の欠損金額に相当する金額の割合を乗じて計算した金額に相当する法人税の還付を<u>請求することができる</u>。
> 3　第1項の規定は、同項の内国法人が還付所得事業年度から欠損事業年度の前事業年度までの各事業年度について連続して青色申告書である確定申告書を提出している場合であつて、<u>欠損事業年度の青色申告書である確定申告書（期限後申告書を除く。）をその提出期限までに提出した場合（税務署長においてやむを得ない事情があると認める場合には、欠損事業年度の青色申告書である確定申告書をその提出期限後に提出した場合を含む。）に限り、適用する。</u>

　なお、法人税法第80条第3項の前段の各事業年度について連続して青色申告書である確定申告書を提出している場合という要件は、期限後申告でも認められるが、後述のとおり、原則として欠損事業年度の青色申告書である確定申告書は期限後申告書では認められないことに注意が必要である。

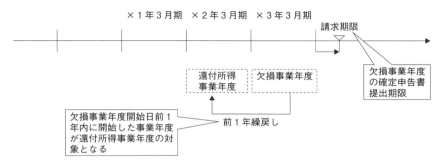

　この、欠損金の繰戻し還付請求については、その適用が現在凍結中である（措法66の12①）が、資本金の額が1億円以下の法人については、その凍結措置から除外されており、適用可能とされている。

　ただし、資本金の額が1億円以下の法人であっても、資本金の額が5億円以上である法人等（「大法人等」という。）による完全支配関係がある法人及び法人との間に完全支配関係がある全ての大法人等が有する株式及び出資の全部をその全ての大法人等のうちいずれか一の法人が有するものとみなした場合においてそのいずれか一の法人とその法人との間にそのいずれか一の法人による完全支配関係があることとなるときのその法人（自己と完全支配関係がある複数の大法人等によって発行済株式及び出資の全てを保有されている法人）は、欠損金の繰戻し還付制度の凍結措置の対象となることとされている（措法66の12①、法法66⑤二三）[58]。

58）新型コロナウイルス感染症等の影響に対応するための国税関係法律の臨時特例に関する法律7条（大規模法人等以外の法人の欠損金の繰戻しによる還付）においては、資本金等の額が10億円を超える大規模法人等以外の法人の令和2年2月1日から令和4年1月31日までの間に終了する各事業年度に生じた欠損金については、この凍結措置を適用しないこととされている。

租税特別措置法
(中小企業者の欠損金等以外の欠損金の繰戻しによる還付の不適用)
第66条の12 法人税法第80条第1項並びに第144条の13第1項及び第2項の規定は、次に掲げる法人以外の法人の平成4年4月1日から令和8年3月31日までの間に終了する各事業年度において生じた欠損金額については、適用しない。ただし、清算中に終了する事業年度及び同法第80条第4項又は第144条の13第9項若しくは第10項の規定に該当する場合のこれらの規定に規定する事業年度において生じた欠損金額、同法第80条第5項又は第144条の13第11項に規定する災害損失欠損金額並びに銀行等保有株式取得機構の欠損金額については、この限りでない。
　一　普通法人(投資信託及び投資法人に関する法律第2条第12項に規定する投資法人及び資産の流動化に関する法律第2条第3項に規定する特定目的会社を除く。)のうち、当該事業年度終了の時において資本金の額若しくは出資金の額が1億円以下であるもの(当該事業年度終了の時において法人税法第66条第5項第2号又は第3号に掲げる法人に該当するもの及び同条第6項に規定する大通算法人を除く。)又は資本若しくは出資を有しないもの(保険業法に規定する相互会社及びこれに準ずるものとして政令で定めるもの並びに大通算法人を除く。)

法人税法
(各事業年度の所得に対する法人税の税率)
第66条
5　内国法人である普通法人のうち各事業年度終了の時において次に掲げる法人に該当するものについては、第2項の規定は、適用

しない。
一 保険業法に規定する相互会社（次号ロにおいて「相互会社」という。）
二 <u>大法人（次に掲げる法人をいう。以下この号及び次号において同じ。）との間に当該大法人による完全支配関係がある普通法人</u>
　イ <u>資本金の額又は出資金の額が５億円以上である法人</u>
　ロ 相互会社（これに準ずるものとして政令で定めるものを含む。）
　ハ 第４条の３（受託法人等に関するこの法律の適用）に規定する受託法人（第６号において「受託法人」という。）
三 普通法人との間に完全支配関係がある全ての大法人が有する株式及び出資の全部を当該全ての大法人のうちいずれか一の法人が有するものとみなした場合において当該いずれか一の法人と当該普通法人との間に当該いずれか一の法人による完全支配関係があることとなるときの当該普通法人（前号に掲げる法人を除く。）

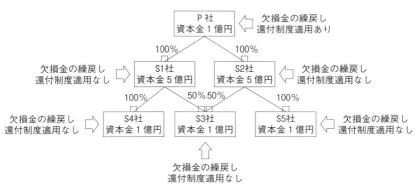

3　例外的請求の期限

　次に掲げる一定の事実が生じた場合には、その事実が生じた日以後1年以内は繰戻還付請求をすることができることとされている（法法80④、法令156、法基通17-2-5）。これらの事情が例外的な取扱いとされているのは、事業継続を予定しない会社の救済をするためである。

① 　解散（適格合併による解散を除く。）
② 　事業の全部の譲渡
③ 　更生手続開始の申立て[59]
④ 　事業の全部の相当期間の休止[60]又は重要部分の譲渡で、欠損金の繰越し控除を受けることが困難となると認められるもの
⑤ 　再生手続開始の決定

---

[59] 会社更生法234条に規定する更生手続開始の申立てを棄却する決定があった場合のその申立てを除くこととされている（法基通17-2-5）。

[60] 「事業の全部の相当期間の休止」については、東京国税局法人税課長編の『回答事例による法人税質疑応答集』（大蔵財務協会、平成16年）892頁において「通常6か月以上とされているようです。」との記述がある。

租税特別措置法
（中小企業者の欠損金等以外の欠損金の繰戻しによる還付の不適用）
第66条の12　法人税法第80条第1項並びに第144条の13第1項及び第2項の規定は、次に掲げる法人以外の法人の平成4年4月1日から令和8年3月31日までの間に終了する各事業年度において生じた欠損金額については、適用しない。ただし、清算中に終了する事業年度及び同法第80条第4項又は第144条の13第9項若しくは第10項の規定に該当する場合のこれらの規定に規定する事業年度において生じた欠損金額、同法第80条第5項又は第144条の13第11項に規定する災害損失欠損金額並びに銀行等保有株式取得機構の欠損金額については、この限りでない。

法人税法
（欠損金の繰戻しによる還付）
第80条
4　第1項及び第2項の規定は、内国法人につき解散（適格合併による解散を除く…略…。）、事業の全部の譲渡、更生手続の開始その他これらに準ずる事実で政令で定めるものが生じた場合において、当該事実が生じた日前1年以内に終了したいずれかの事業年度又は同日の属する事業年度において生じた欠損金額（…略…）があるときについて準用する。この場合において、第1項中「確定申告書の提出と同時に」とあるのは「事実が生じた日以後1年以内に」と、「請求することができる。」とあるのは「請求することができる。ただし、還付所得事業年度から欠損事業年度までの各事業年度について連続して青色申告書である確定申告書を提出している場合に限る。」と読み替えるものとする。

法人税法施行令

(欠損金の繰戻しによる還付)

第155の2条 法第80条第4項(欠損金の繰戻しによる還付)に規定する政令で定める事実は、次に掲げる事実とする。

一 <u>事業の全部の相当期間の休止</u>又は<u>重要部分の譲渡</u>で、これらの事実が生じたことにより法第80条第4項に規定する欠損金額につき<u>法第57条第1項(欠損金の繰越し)の規定の適用を受けることが困難となると認められるもの</u>

二 <u>再生手続開始の決定</u>とする。

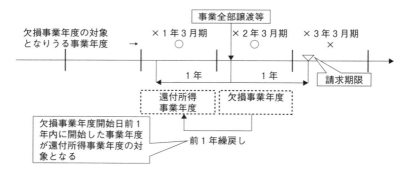

＜例外的請求の場合の請求期限等＞

【参考裁決】国税不服審判所昭和63年10月7日裁決[61]（営業の重要部分の譲渡に当たるとされた事例）

(1) 法人税法第81条第4項の規定の適用の可否について争いがあるので審理したところ、次のとおりである。
　イ　請求人が当審判所に提出した資料、原処分関係資料及び請求人の取締役であるBの当審判所に対する答述によれば、次の事実が認められる。
　　(イ)　請求は、昭和56年ころ、それまで営んでいた木材販売業が業績不振となったために同事業を廃業し、建設業だけを継続して営むこととしたこと。ところが、請求人は、木材販売業によって生じた不良債権を貸倒損失として損金に計上すると、請求人の事業全体が赤字となり、順調に行われている建設業の営業にまで支障が生じるおそれがあったので、新会社を設立し、現に行っている建設業の資産・負債や従業員等の一切を新会社に移して、請求人は残務を処理し清算手続をする方針を決定し、それに基づいて昭和60年11月19日全額を出資してA社を設立したこと。
　　(ロ)　請求人とA社とは、昭和61年2月28日に本件営業譲渡の契約を締結したが、その譲渡の対象となる資産・負債は、「請求人の営業のうち建設業務に関する営業の全部、並びに請求人が所有する商品樹木の一切」とされたこと。一方、営業譲渡対象外土地は適当な買主が見付からないなどの理由で直ち

---

[61] 東京国税不服審判所『裁決事例集Ⅳ法人税（下）』1647頁

に処分することが困難であり、請求人が当分所有を続ける見込みであつたこと。

(ハ) 請求人は、本件営業譲渡された商品樹木が植栽されている営業譲渡対象外土地をＡ社へ賃貸し、Ａ社から年間1,000,000円の賃料の支払を受けることとしたこと。

(ニ) 請求人は、本件営業譲渡後、建設業の廃業届を建設大臣あて提出し、請求人の役員はＡ社の役員が兼務しているが、従業員はおらず、積極的な営業活動は一切行つていないこと。このことは、請求人が提出した昭和62年1月1日から昭和62年12月31日までの事業年度の請求人の決算書及び法人税の確定申告書からして、請求人には営業収益はなく、約2,000万円の営業外収益はあるものの、その額は借入金の利子等の額1,192,247,088円をはるかに下回り、欠損金額は1,184,151,905円であることからも容易に推認できる。

(ホ) 請求人が欠損事業年度末に所有する土地のうち営業譲渡対象外土地の帳簿価額は1,409,469,974円であり、請求人の依頼した不動産鑑定士の鑑定評価によれば、時価は約20億円と見積もられ、仮にこの見積額で譲渡できたとしても、欠損事業年度末における欠損金額が40億円を超えていることにかんがみ欠損金の繰越控除の規定の適用を受けるに足りるほどの所得の発生を見込むことは困難である。請求人は将来資産等を処分し、清算する予定であり、今後営業を再開する意思はない。

ロ　上記の事実に基づいて判断する。

(イ) 法人税法第81条第4項、同法施行令第156条（欠損金の繰

戻しによる還付をする場合の解散等に準ずる事実）に規定されている営業の譲渡とは、本来商法上の概念であり（商法第25条（営業譲渡人の競業禁止）以下、第245条（営業譲渡・譲受け等）など）、しかも法人税法及び同法施行令にはこれについて特段の定義規定は設けられていないのであるから、法人税法第81条第4項、同法施行令第156条にいう営業の譲渡とは、商法所定の営業の譲渡を意味するものと解すべきであり、本件営業譲渡は、これに該当すると認められる。

(ロ) ところで、営業譲渡の相手方が譲渡者の完全な支配下にある会社であるからといつて、営業譲渡の効力が当然に無効であると解する根拠はないから、法人税法第81条第4項、同法施行令第156条の規定についても、当然に適用がないとする根拠はないと解すべきである。

(ハ) また、請求人とA社とは、法律上全く別個の法人格であり、かつ、所得金額の計算主体が異なるのであるから、請求人の営業とA社の営業とは、形式的にも実質的にも全く別個の営業であつて、法律上は営業の継続性はないものと解される。

(ニ) 原処分庁は、法人税法第81条第4項の規定は、営業譲渡後も実質的に営業が継続していると認められるような場合は適用がない旨主張する。

　ところで、この点については、本件営業譲渡が直ちに営業の全部の譲渡に当たると認めることは困難である。なぜならば、請求人は、将来資産を処分し清算する意思を有していることは認められるものの、いまだ清算結了の明確な見通しは立つておらず、その間積極的な営業活動はしないまでも、今

　　　　後もA社からの土地賃料収入のような経常的な収益の発生が見込まれる等の事情に照らすと、営業を廃止してしまつたとまでは認められないからである。
　　　　　しかしながら、上記認定の本件営業譲渡直前の請求人の事業の実態から営業活動が建設業のみであつたこと並びに本件営業譲渡の対象及び譲渡後の請求人の状況などからみて、本件営業譲渡が営業の重要部分の譲渡に当たることは明らかであり、かつ、本件営業譲渡が生じたことにより上記イの㈭のとおり欠損金の繰越控除の規定の適用を受けることが困難となると認められるものに該当するから、実質的に営業が継続しているとは認められない。
　㈭　上記イの事実によれば、本件営業譲渡は、虚偽・仮装のものではなく、真実かつ有効に行われたものと認められる。
　　　したがつて、本件営業譲渡が虚偽表示などの理由で無効である場合はともかく、有効に行われている上、本件営業譲渡後においても請求人には多額の欠損金額が残つており、還付請求権の濫用その他の特段の事情があるとも認められないから、法人税法第81条第4項、同法施行令第156条の規定の適用を排除する理由はないというべきである。

【参考裁決】国税不服審判所昭和62年5月29日裁決[62]（営業の全部の相当期間の休止の意義）

> 同法第81条第4項は、繰戻し還付を認める場合として「解散、営業の全部の譲渡、会社更生法の規定による更生手続の開始その他これらに準ずる事実」がある場合（以下「解散等」という。）を規定し、これらに準ずる事実として同法施行令第156条は「営業の全部の相当期間の休止」を掲げている。
>
> この「営業の全部」とは、一般には、営利を目的として反覆継続する全ての商行為で、営業を営むために直接、間接に必要な行為を含むと解されているが、同法施行令第156条に規定する「営業の全部」は、法人税法第81条第4項の趣旨から解散等の事態によって、残財の販売などの事業閉鎖等に付随する行為以外の商行為の全てを指すものと解するのが相当である。
>
> また、「相当期間の休止」とは、企業の解散、事業の閉鎖等企業の消滅の事実に匹敵する事態によって一定の期間休止する場合を言うとするのが相当である。

ところで、一定の法人については、資本金の額を1億円以下にすることで、この制度を利用することができるため、減資を行うことが考えられる。そこで、以下、会社法上の減資の手続について解説する。

---

[62] 国税不服審判所裁決事例集№33－124頁

4　資本金の額の減少手続

(1)　減資と中小企業税制

　法人税法は、各事業年度終了の時における資本金の額又は出資金の額が1億円以下の普通法人を中小法人として取り扱っている。

　原則として、資本金の額が1億円超である法人であっても、資本金の額の減少（以下、「減資」という。）手続を行い、各事業年度終了の時までに資本金の額が1億円以下となっていれば、本項で取り上げた欠損金の繰戻し還付請求等の中小企業税制の適用を受けることが可能である[63]。

　もっとも、上述のように資本金の額が5億円以上の大法人と完全支配関係がある法人は、その法人自体の資本金の額が1億円以下であったとしても中小企業税制の適用を受けることはできない。

　しかしながら、この場合も、大法人自体が減資を行い、資本金の額が5億円未満になることで、一定の場合を除きその法人と完全支配関係がある法人も中小企業税制の適用を受けることが可能となる。

　以上のとおり、減資の手続は、法人が中小企業税制を受けることができるか否かという判断と密接に関わる。

(2)　会社法における減資

　平成17年に会社法が制定される以前、減資とは、①資本金の額を減少させるとともに、会社財産の株主への分配を行う減資（有償減資、実質上の減資）と、②資本金の額を減少させるものの、株主への分配を行わない減資（無償減資、名目上の減資）との2種類に整理されていた。

---

[63] 特別償却は対象資産の取得等をした日又は事業の用に供した日の現況により判断される（租税特別措置法（法人税関係）通達42の11の3-2、同42の12の4-1参照）。

しかしながら、①の有償減資は、減資を行うことによって、株主に剰余金の配当を行っているに過ぎないため、会社法制定後は、減資＝無償減資と理解されることとなった。

(3) 株式会社の手続

　イ　減資に必要な株式会社の決議

　　① 原則－株主総会の特別決議

　　　平成17年に会社法が制定され、平成18年に株式会社設立に伴う最低資本金制度が廃止されたため、資本金が0円でも株式会社を設立することが可能となった。

　　　そのため、株式会社は事後的な資本金の減少手続である減資においても、資本金を0円とする100％減資を行うことも可能である（会社447）。

　　　株式会社において減資を行うためには、原則として株主総会の特別決議が必要とされている（会社447①、309②九）。

　　② 例外①－株主総会の普通決議

　　　定時株主総会において、①減少する資本金の額、②減少する資本金の額の全部又は一部を準備金とするときは、その旨及び準備金とする額、③資本金の額の減少がその効力を生ずる日を定め、かつ、減少する資本金の額がこの定時株主総会の日における欠損の額として法務省令で定める方法により算定される額を越えない場合は、通常の株主総会決議で足りるものとされている（会社309②九括弧書き、同項イ、ロ参照）。③の要件が課されているのは、会社法が資本金の額がマイナスになることを認めていないことの現れである。

　　③ 例外②－取締役の決定・取締役会の決議

　　　減資と同時に株式会社が株式を発行する場合で、その資本金の額

の減少の効力が生ずる日以後の資本金の額が、その日以前の資本金の額を下回らないときには、株主総会決議も不要であり、取締役の決定（取締役会設置会社においては取締役会の決議）で足りる（会社447③）。

ロ　債権者異議手続
①　債権者異議手続が設けられている趣旨

　減資は、株式会社の責任財産の減少につながる。出資者たる株主が、有限責任しか負担しない株式会社において、会社債権者は会社の責任財産の価額について大きな利害関係を有している。

　無償減資の場合、減資を行ったとしても直ちに会社財産が減少するものではない。しかしながら、株式会社が減資によって欠損金のてん補を行うことで、従来不可能であった株主への財産分配が可能になるという意味で、会社財産の外部流出が容易になってしまうといえるため、会社債権者にとっては不利益といえる。

　以上のように、株式会社にとって、減資を行うことは、会社債権者に不利益を被らせる可能性をはらんでいることから、会社法上、会社債権者には減資に対して異議を述べる機会が保障されている（会社449）。

②　公告・催告

　株式会社が減資を行う場合には、資本金の額の減少の内容（会社449②一）、その株式会社の計算書類に関する事項として法務省令で定めるもの（会社449②二）、債権者が1か月を下らない一定の期間内に異議を述べることができる旨（会社449②三）を官報に公告し、かつ、知れている債権者には、各別の催告をすることが必要である（会社449②）。

会社法第449条第2項第1号ないし3号により求められている公告・催告事項をまとめると次図のとおりとなる。

＜資本金の額の減少をする際の公告事項及び催告事項（株式会社）＞

①　資本金の額の減少の内容
②－Ⅰ　最終事業年度に係る貸借対照表又はその要旨を公告（決算公告）しているときは、次に掲げるもの 　ⅰ　官報で公告しているときは、官報の日付及び公告が掲載されている頁 　ⅱ　日刊新聞紙等で公告しているときは、日刊新聞紙の名称、日付及び公告が掲載されている頁 　ⅲ　電子公告によるときは、登記事項である電子公告ホームページのアドレス
②－Ⅱ　最終事業年度に係る貸借対照表をホームページ等で公開しているときは、登記事項であるアドレス
②－Ⅲ　株式会社が有価証券報告書提出会社である場合、最終事業年度に係る有価証券報告書を提出しているときはその旨
②－Ⅳ　特例有限会社であって、決算公告義務が課せられていないときはその旨
②－Ⅴ　最終事業年度がないとき（設立1期目）はその旨
②－Ⅵ　Ⅰ～Ⅴに掲げる場合以外には、最終事業年度に係る貸借対照表の要旨の内容
③　債権者が1カ月を下らない一定の期間内に異議を述べることができる旨

③　催告が必要な「知れている債権者」の意義

　会社法第449条第2項の「知れている債権者」とは、会社にとって、広く自社に対して債権を保有しているという認識がある債権者を指すため、会社が正確な債権額を把握していない者をも含む概念とされており、会社と債権の有無ないし金額を争っている者（債権

者か否かの判断が出ていない者）についてもこれに含まれる（大判昭和 7・4・30民集11巻706頁）。

④　公告・催告期間内に異議を述べなかった場合

債権者が、公告・催告により会社が定めた期間内に異議を述べなかったときは、債権者は減資について承認したものとみなされる（会社449④）。

⑤　公告・催告期間内に異議が述べられた場合

債権者が、公告・催告により会社が定めた期間内に会社が行う減資に対して異議を述べたとしても、それをもって直ちに減資の手続がとれなくなるわけではない。

債権者から異議が述べられた場合、会社は原則として異議を述べた債権者に対して弁済等の措置をとることが必要となる（会社449⑤）。

債権者が異議を述べたにもかかわらず、会社が弁済等の措置を講じなかったときは会社に対して過料の制裁がある（会社976二十六）。

これらの規定によって、意に反して資本金等の減少手続を進められる会社債権者は一定の保護を受けることになる。

もっとも、例外として、減資を行っても、会社債権者を害するおそれがないときには、会社は債権者に対する弁済等の措置をとる必要はない（会社449⑤ただし書き）。

債権者を害するおそれがあるか否かの判断については、債権額や弁済期等が考慮されることになる。このただし書きの規定は、減資に伴う煩雑な処理の軽減のため、すなわち会社の便宜のために設けられている規定であるため、仮に裁判でこの点が争いになった場合には、債権者を害するおそれがないことの立証責任は会社側が負担

ハ 減資の効力発生日

　減資は、その効力を生ずる日（会社447①三）にその効力が発生すると規定されている（会社449⑥一）。ただし、後述する債権者異議手続が効力発生日までに終了していない場合には、債権者異議手続が終了した時点が効力発生日となる（会社449⑥ただし書）。会社は、効力発生日までの間は、効力発生日を変更することが可能である（会社449⑦）。

ニ 減資に伴う登記

　株式会社にとって、資本金の額は必要的登記事項であるため（会社911③五）、減資を行い、会社の資本金の額が減少した場合には、効力発生日から2週間以内にその本店の所在地において、その変更登記をする必要がある（会社915①）。

(4) 会計処理

イ 資本金の額の減少（資本準備金又はその他資本剰余金への振替）

　資本金の額を減少させて、資本準備金又はその他資本剰余金に振り替える処理を行う（会社447、会社計算規則27①一）。その他資本剰余金に振り替えた場合の仕訳は、次のようになる。

借方		貸方	
資本金	×××	その他資本剰余金	×××

ロ 資本金の額の減少による損失のてん補を行った場合

　資本金の額を減少させて、その他資本剰余金に振り替えた後、マイナスの繰越利益剰余金である欠損金と相殺して、損失のてん補が行われることがある（会社452）。その場合の会計処理は次のとおりである。

借方		貸方	
資本金	×××	その他資本剰余金	×××
その他資本剰余金	×××	繰越利益剰余金	×××

(5) 税務処理

イ 資本金の額の減少（資本準備金又はその他資本剰余金への振替）

　法人税法上の資本金等の額は、法人が株主等から出資を受けた金額として一定の金額とされており、資本金の額と資本金以外の資本金等の額で構成される（法法２十六、法令８）。

　資本金の額が減少した場合、減少した資本金の額に相当する資本金等の額（資本金以外の資本金等の額）が増加する（法令８①十二）。

　よって、資本金等の額の総額は変動しない。

借方		貸方	
資本金	×××	資本金等の額	×××

<資本金等の額の処理>

資本金の額	減資	減資後の資本金の額	資本金等の額（資本金の額を含んだ総額）
資本金以外の資本金等の額		減資により増加した資本金以外の資本金等の額	

ロ 資本金の額の減少による損失のてん補を行った場合

　法人税法上は、資本金の額が減少した場合、減少した資本金の額に相当する資本金等の額（資本金以外の資本金等の額）が増加する（法

令8①十二)。その後、欠損金(税務上の利益積立金額)のてん補を行ったとしても特段の規定がないため、資本金等の額、利益積立金額は変動しない。

また、マイナスの利益積立金額である欠損金が青色欠損金等である場合、欠損金が減少するわけではないため、所得計算における青色欠損金等の控除も引き続き認められる。

ただし、法人税法上は、資本金等の額にも利益積立金額にも影響がないが、地方税法上の法人住民税均等割の税率の判定に用いられる資本金等の額においては、損失のてん補を行う法人の税負担軽減の観点から、損失のてん補の額を減算するものとされている(地法23①四の二、292①四の二)。この場合は、株主総会議事録等の損失のてん補の内容を証する書類を申告書に添付する必要がある(総務省取扱通知(県)道府県民税43の3、(市)市町村民税48の3)。

なお、損失のてん補を控除した資本金等の額が、資本金及び資本準備金の合算額に満たない場合には、資本金及び資本準備金の合算額にて法人住民税均等割の税率が判定される(地法52④、312⑥)。

(6) 持分会社の手続

イ 持分会社において減資が認められる場合

これまで株式会社を念頭においた解説をしてきたが、会社法上の会社には株式会社の他にも合名会社、合資会社、合同会社の3種類の形態の会社が存在する(会社2①)。

株式会社以外の3種類の会社は総称して持分会社と定義され(会社575)、持分会社における資本金の額とは、その純資産額のうち、社員から拠出された財産の価額に相当する額の一部を表示する計数であるとされている。

会社法は、持分会社についても、損失のてん補のために減資をすることができる旨を定め（会社620①）、特に合同会社については、損失のてん補の場合ほか、出資の払戻し又は持分の払戻しのために、**減資**をすることができる旨を定めている（会社626①）。

<資本金の額の減少事由>

会社の種類	資本金の額の減少事由
合名会社	損失のてん補
合資会社	損失のてん補
合同会社	損失のてん補
	出資の払戻し又は持分の払戻し

ロ　債権者異議手続

①　合同会社のみ債権者異議手続が設けられている趣旨

　合同会社の資本金の減少については、株式会社同様、債権者の利害に影響するため、債権者異議手続が要求されている（会社627）。これに対し、合名会社・合資会社では債権者異議手続は不要である。

　これは、持分会社の中で、合名会社・合資会社においては、会社債権者に対して無限責任を負担する社員がいる一方で、合同会社は社員の全員が株主と同じく債権者に対して間接有限責任しか負わないため（会社576④）、減資を行うと、株式会社同様、会社債権者に重大な影響を及ぼすためである。

②　公告・催告

　合同会社が減資を行う場合には、合同会社は、その資本金の額の減少の内容、債権者が1か月を下らない一定の期間内に異議を述べることができる旨を官報に公告し、かつ、知れている債権者に各別

の催告をすることが必要である（会社627②）。

　ここでの知れている債権者の意義は、会社法第449条第2項と同じである（上記4(3)ロ③参照）。

③　公告・催告期間内に異議を述べなかった場合

　債権者が、公告・催告により会社が定めた期間内に異議を述べなかったときは、債権者は減資について承認したものとみなされる（会社627④）。

④　公告・催告期間内に異議が述べられた場合

　株式会社と同様の規定がされている（会社627⑤）（上記(3)ロ⑤参照）。

ハ　減資の効力発生日

　合同会社における減資は、会社法第627条各項の手続が終了した日にその効力が生じる（会社627⑥）。合同会社・合資会社については明文の規定が存在しないが、債権者異議手続きが不要とされている以上、会社法第627条の適用がないため、効力発生日とした日に効力が発生するものと考えられる。

ニ　減資に伴う登記

　会社法は合同会社に対して資本金の額の登記を求めているが（会社914⑤）、合名会社・合資会社には資本金の額の登記を求めていない（会社912、913）。

　したがって、合同会社については、株式会社同様、効力発生日から2週間以内にその本店の所在地において、その変更登記をする必要がある一方で（会社915①）、合名会社・合資会社については、減資の登記を予定していない。

事例 1

資本金の額が5億円の株式会社が、特例を利用するために4億円を減資して、資本金の額を1億円とした場合の処理はどうなるか。

回答

〈会計処理〉

借方		貸方	
資本金	400,000,000	その他資本剰余金	400,000,000

〈税務処理〉

借方		貸方	
資本金	400,000,000	資本金等の額	400,000,000

事例 2

資本金の額2億円の株式会社が、1億円を減資して、期首繰越利益剰余金△1億円に損失の補填を行った場合の処理はどうなるか。

回答

〈会計処理〉

借方		貸方	
資本金	100,000,000	その他資本剰余金	100,000,000
その他資本剰余金	100,000,000	繰越利益剰余金	100,000,000

〈税務処理〉

借方		貸方	
資本金	100,000,000	資本金等の額	100,000,000

なお、次の5の例外的請求については、大法人等による完全支配関係があるか否かやその法人の資本金の額に関わらず、繰戻し還付請求をすることができる。

5　事例研究（例外的請求）

(1)　事業の全部の譲渡をした場合

> **質問**
>
> 当社は、年1回3月決算法人である。令和6年3月期に事業の全部の譲渡をした場合には、繰戻し還付金額はいくらになるか。
> また、令和7年3月期に事業譲渡が遅れた場合には、繰戻し還付金額はいくらになるか。
> なお、当社の各期の状況は、以下の通りである。
> ①　令和5年3月期は、所得金額60,000が生じて法人税額15,300を納付している。
> ②　令和6年3月期は、欠損金額100,000が生じており、このうちには事業の全部の譲渡をしたことによる損失60,000が含まれている。

Ⅳ 欠損金の繰戻し還付請求

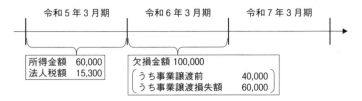

回答

令和6年3月期に事業の全部の譲渡を行った場合には、繰戻し還付金額は15,300となる。また、令和7年3月期に事業譲渡が遅れた場合には、繰戻し還付金額は10,200となる。

解説

○ 令和6年3月期に事業譲渡した場合

事業譲渡を令和6年3月期に行った場合、令和6年3月期の欠損金額は100,000であるので、令和6年3月期の欠損金の繰戻し還付金額は、15,300となる。

$$15,300 \times \frac{60,000\text{（欠損事業年度の欠損金額。分母を限度。）}}{60,000\text{（還付所得事業年度の所得金額）}} = 15,300$$

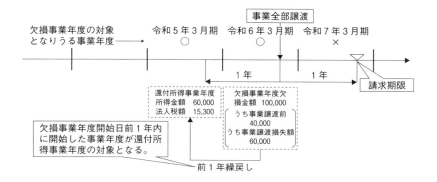

○ 令和7年3月期に事業譲渡が遅れた場合

　事業譲渡を令和7年3月期に行った場合、令和6年3月期の欠損金額は40,000であるので、令和6年3月期の欠損金の繰戻し還付金額は、10,200となる。

$$15,300 \times \frac{40,000}{60,000} = 10,200$$

　また、令和7年3月期に事業譲渡の損失により生じる欠損金については、令和7年3月期事業年度開始の日前1年以内に開始する事業年度は欠損金が生じた令和6年3月期であり、法人税は納税していないため、繰戻し還付の請求ができない。

　事業譲渡を令和7年3月期に遅らせると令和5年3月期の法人税のうち5,100（15,300－10,200）の還付金を得る機会を逸してしまうこととなる。

98　Ⅳ　欠損金の繰戻し還付請求

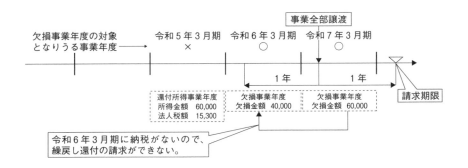

(2) 解散した場合

　解散等の事実が生じた場合には、その解散等の事実が生じた日以後1年以内に、その事実が生じた日前1年以内に終了したいずれかの事業年度又は同日の属する事業年度の欠損金額をこれらの事業年度開始の日前1年以内に開始する事業年度に繰り戻し、法人税額の還付を請求することができる（法法80④、措法66の14）。

〔事例研究〕

> 　令和6年7月31日に解散したX社は、それまでの各事業年度において青色申告の確定申告書を提出している。なお、過去に欠損金の繰戻し還付請求は行っていない。
>
> | 事業年度 | R3.4.1
R4.3.31
① | R4.4.1
R5.3.31
② | R5.4.1
R6.3.31
③ | R6.4.1
R6.7.31
④ |
> |---|---|---|---|---|
> | 所得金額又は欠損金額 | 30,000 | 20,000 | △53,000 | △20,000 |
> | 法人税額 | 10,500 | 7,000 | — | — |

・時系列

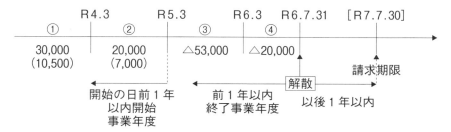

・還付される法人税額

$$7,000 \times \frac{20,000}{20,000} = 7,000$$

（還付所得事業年度は、欠損事業年度開始の日の前1年以内に開始した年度に限定されている。）

③の年度（令和6年3月期）の欠損金53,000のうち、欠損繰戻し還付請求に充てた20,000を控除した、残額33,000及び④の年度（令和7年3月期）の欠損金20,000は、繰越控除の対象となる。

6 地方税における取扱い

法人住民税及び法人事業税には、地方税法に欠損金の繰戻し還付に相当する規定が存在しないため、法人住民税及び法人事業税の納税額の還付を受けることはできない[64]。

法人住民税については、還付を受けた法人税額（控除対象還付法人税額）を欠損事業年度後の事業年度の法人税割の課税標準である法人税額

64）地方税については、各地方公共団体の財政規模が小さい等の理由からこのような制度は存在しない。

から10年間[65]にわたって繰越控除することとされている（地法53㉓㉕、321の8㉓㉕）。

　法人事業税については、繰戻し還付による繰越欠損金の減少がなかったものとして所得割を計算することとされている（地令21①）。

---

[65] 平成30年4月1日前に開始した事業年度において生じた控除対象還付法人税額については9年間とされている（平成27年改正地法附則7④）。

V 解散による残余財産の分配

　清算会社が債務を弁済してもなお残余財産がある場合には、これを株主等に分配する（会社504）。

　残余財産の分配は、各株主の有する株式の内容及び数に応じて行う必要がある（会社504②③）。

　ただし、非公開会社では、定款により残余財産の分配について株主ごとに異なる定めをすることができる（会社109②、105①Ⅱ）。

　また、株主全員の同意によってそのような異なる定めをした場合も、会社法第109条第2項の定款の定めと同視し、会社はその定めに従った残余財産の分配をしなければならないとされている[66]。

　清算会社は、残余財産の分配以外の方法によって株主への分配をすることはできない[67]。

　法人が所有する株式等の発行法人が解散した場合に、その法人からの残余財産の分配による金銭等の交付の有無により課税関係は異なる。なお、その法人との間に完全支配関係がある場合には、その法人の株式等の譲渡（投資）損失が生じないように修正される。

---

[66] 東京地判平成27年9月7日金融・商事判例1492号50頁（東京高判平成28年2月10日金融・商事判例1492号55頁で是認）。
[67] 田中・前掲注4・765頁

1 残余財産の分配による課税関係（原則）

(1) 金銭等の交付がある場合

　法人（公益法人等及び人格のない社団等を除く。）の株主等である内国法人がその法人の「解散による残余財産の分配」により金銭等の交付を受けた場合において、その金銭等の価額の合計額がその法人の資本金等の額のうちその交付の基因となったその法人の株式等に対応する部分の金額（対応資本金等の額）を超えるときは、その超える部分の金額は、剰余金の配当等の額とみなすこと（みなし配当の額）とされている[68]（法法24①）[69]。

　この場合の「対応資本金等の額」とは、解散による残余財産の分配を行った法人（残余財産分配法人）の残余財産分配の直前の払戻等対応資本金額等（直前の資本金等の額に前事業年度終了の時の資産の帳簿価額から負債の帳簿価額を控除した金額のうちに残余財産の分配により交付した金銭の額及び金銭以外の資産の価額の合計額の占める割合を乗じて計算した金額）を残余財産分配法人の残余財産分配に係る株式の総数で除し、これに分配を受ける法人が直前に有していた残余財産分配法人の残余財産分配に係る株式の数を乗じて計算した金額とされている（法令23①四イ）[70]。

---

[68]（計算式）交付を受けた金銭等の額－資本金等の額のうちその交付の基因となったその法人の株式又は出資に対応する部分の金額＝みなし配当の額
[69] 個人の株主又は出資者についても同様である（所得税法25①）。
[70] 残余財産分配法人が二以上の種類の株式を発行していない法人の場合であり、二以上の種類の株式を発行していた法人の場合には法人税法施行令23条1項4号ロを参照のこと。

【参考裁決】国税不服審判所平成28年3月25日裁決[71]（直前の資本金等の額の意義）

> 　法人税法施行令第23条第1項第3号に規定する直前資本金額等とは、残余財産の分配を行った法人の当該分配の直前の資本金等の額をいうものであるところ、この資本金等の額については、法人税法第2条第16号において、法人が株主等から出資を受けた金額として政令で定める金額をいうこととされ、また、法人税法施行令第8条において、法人の資本金の額と資本金の額以外の金額の前期末までの増減額及び当期の増減額とを合計した金額であるとされている。
> 　そして、この資本金の額については、法人税法には資本金等として払い込まれた額又は法人の財務諸表に表示された額のいずれをいうのかを判断するための明確な定義が置かれていないことから、会社法における資本金の額、すなわち、確定決算において資本金として計上された金額を意味すると解するのが相当である。
> 　したがって、<u>法人税法施行令第23条第1項第3号にいう直前資本金額等は、その法人の残余財産の分配の直前の確定決算において資本金として計上された金額、すなわち、その会社の残余財産の分配の直前における財政状態を表す財務諸表の貸借対照表において資本金として表示された金額を資本金の額として</u>、これに基づき算定される金額であると解される。

　また、交付を受けた金銭等の額からみなし配当の額を控除した金額

---

[71] 国税不服審判所裁決事例集№102

(譲渡対価の額＝対応資本金等の額）と消滅することとなる残余財産分配法人の株式の取得価額（譲渡原価の額）との差額が譲渡損益の額となる（法法61の2①⑱）。

<みなし配当と株式譲渡損益のイメージ>

○譲渡利益が生じるケース

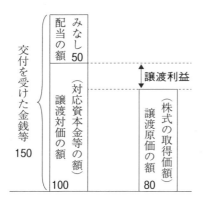

○譲渡損失が生じるケース

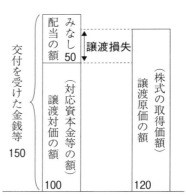

(2) 金銭等の交付がない場合

解散した法人に残余財産がなく、法人株主等が残余財産を受けないことが確定した場合には、そもそも交付を受ける金銭等がないことから、みなし配当の額が生じることはなく、また、法人株主は保有していた株式等については損失の計上を行うことになる（法法61の2①）。

2　残余財産の分配による課税関係（例外）

（発行法人との間の完全支配関係がある場合＝グループ法人税制の適用がある場合）

(1)　金銭等の交付がある場合

　法人の株主等である内国法人が、完全支配関係のある法人の「解散による残余財産の分配」により金銭等の交付を受けた場合においてもみなし配当が生じる場合があることは、完全支配関係がない場合（上記1(1)）と同様である[72]。

　しかし、完全支配関係がある法人から、解散による残余財産の一部の分配を受けた時（その時においてその株式を有する場合に限る。）又は残余財産の分配を受けないことが確定した場合における株式等の譲渡損益に関しては、譲渡原価の額に相当する金額を譲渡対価の額とされ、譲渡損益は生じないこととされている（法法61の2⑰）。

(2)　金銭等の交付がない場合

　この場合、そもそも交付を受ける金銭等がないことから、みなし配当の額が生じることはない。

　また、この場合の株式等の譲渡損益に関しては、上記(1)と同様に譲渡原価の額に相当する金額を譲渡対価の額とされ、譲渡損益は生じないこととされている（法法61の2⑰、後記(4)参照）。

---

[72] この場合の配当とみなされる部分は完全支配関係株式等に係るものであることから、その全額が益金不算入とされる（法法23①、⑤）。

＜グループ法人税制の適用有無のイメージ＞

○ 譲渡利益が生じていたケース

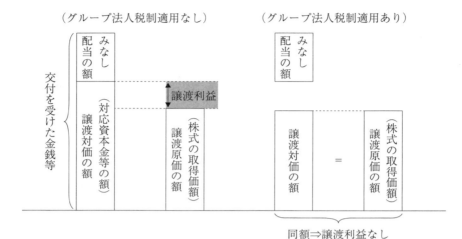

○ 譲渡損失が生じていたケース

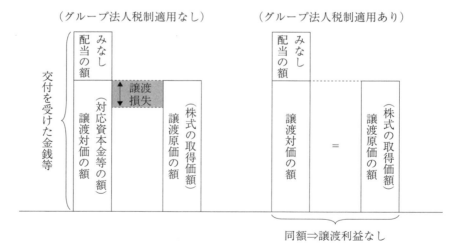

(3) 譲渡損益相当額の調整

　上記(1)及び(2)の場合には、みなし配当の金額及び譲渡対価の額とされ

る金額の合計額からその金銭の額及びその資産の価額の合計額を減算した金額に相当する金額（譲渡損益相当額）は、資本金等の額から減算することとされている（法令8①二十二）。控除であれば、マイナスにはならないものの、減算の場合にはマイナスになることもある。そのため、計算結果がマイナスとなる場合には、マイナス金額の減算となるため、資本金等の額は増加することとなる。

すなわち、グループ法人税制の適用がない場合において生ずる譲渡損益に相当する金額が、資本金等の額の減少額又は増加額として処理されることとなる。

<計算式>

　　（みなし配当の金額＋譲渡対価とされる金額）－交付を受けた金銭等の額＝資本金等の額の減少（計算結果がプラスの場合）・資本金等の額の増加（計算結果がマイナスの場合）

<譲渡損益相当額の調整>

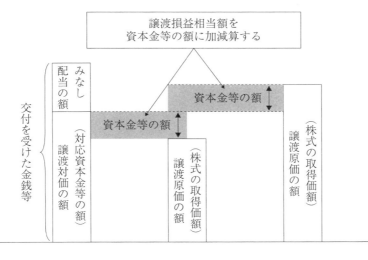

(4) 事例研究（残余財産の分配を受けないことが確定した場合）

【質問】

次を前提にした場合のP社のS社株式の処理はどのようになるか。

前提 i　P社はS社株式を100％保有している。
　　 ii　S社株式の帳簿価額は100である。
　　 iii　S社は解散しており、P社は残余財産の分配を受けないことが確定した。
　　 iv　会計上、P社はS社株式の帳簿価額100を株式滅失損として計上している。

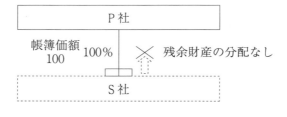

【回答】・【解説】

解散した子法人につき残余財産の分配を受けないことが確定した場合、完全支配関係がある子法人であれば、その子法人株式について損失計上ができないこととなる（法法61の2⑰、法令8①二十二）。

(会計上)

(借方)		(貸方)	
株式減失損	100	S社株式	100

(税務上)

(借方)		(貸方)	
資本金等の額[73]	100	譲渡対価[74]	100
譲渡原価	100	S社株式	100

(申告調整)

(借方)		(貸方)	
資本金等の額	100	株式減失損	100

(5) 譲渡損失不計上の代替措置

　完全支配関係がある子法人につき、残余財産が確定した場合には、一定の欠損金額を引き継ぐことができることとされている（法法57②）。

---

[73] 資本金等の額：（みなし配当 0 ＋譲渡対価100）－現金（0）＝100（計算結果がプラスのため減少）（法令8①二十二）
[74] 譲渡対価：譲渡対価の額は、譲渡原価の額⑽（法法61の2⑰）

＜残余財産が確定した場合の欠損金額の取扱い＞

残余財産確定法人の残余財産が確定した場合

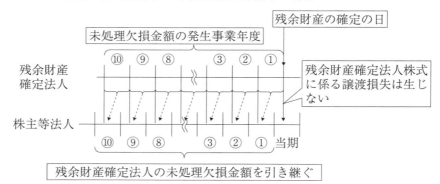

　完全支配関係がある子法人の残余財産が確定した場合には、子法人の繰越欠損金額を引き継ぐことができるが、その繰越欠損金額の利用は引き継ぐ法人において発生年度に対応する10年間[75]のみに限られるが、完全支配関係がない子法人の株式滅失損により繰越欠損金額が生じた場合には、その事業年度から10年間[76]利用することができるという違いがある。

　なお、完全支配関係がある他の内国法人の株式又は出資で、当該他の内国法人が清算中であること、解散（合併による解散を除く。）することが見込まれていることその他一定の要件に該当するものを有する場合には、その株式又は出資について、評価損を計上することはできない（法法33⑤他）。

---

75) 平成30年4月1日前に開始した事業年度において生じた欠損金額については、9年間とされている（平成27年改正法27①）。
76) 前掲注75参照。

＜繰越欠損金額の引継ぎと子法人株式の評価損による損失の二重控除＞

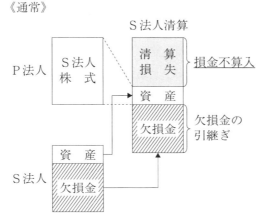

3 清算人等の第二次納税義務

　残余財産の分配等はみなし配当事由とされていることから、みなし配当について株式等の発行法人は源泉徴収を行う必要がある[77]。

　仮に、源泉徴収をせずに残余財産の分配等が行われた場合に、源泉徴収義務者（納税義務者）であるその残余財産分配法人に対して滞納処分を執行しても、なお徴収ができない場合には、清算人及び残余財産の分配等を受けた者（株主等）に対してその分配等をした財産又は分配等を受けた財産の範囲内で、第二次納税義務を負うこととされている（国税徴収法34、39）。

　この場合において、第二次納税義務を負った場合の納税額相当額（配

---

[77] 完全子法人株式等に対する源泉徴収については、令和5年10月1日以後に支払いを受ける配当等には課されないこととされている（所法177①②、212③、令和4年改正法附則6①②、8）。

当等の金額のうち益金不算入とされた金額を限度）は、損金に算入することはできないこととされている（法法39①②）。なお、第二次納税義務者はその納付額につき求償権を有することになる（国税徴収法32⑤）が、求償権の行使不能により生じる損失についても損金に算入することはできないこととされている（法法39①括弧書き[78]）。

【参考事例】東京地判平9年8月8日[79]

(1) 概要

　G社（同族会社）は、昭和63年3月22日に会社資産を2億3,380万円で売却し、売却益の節税対策等についてA銀行に相談したところ、同銀行から紹介されたB税理士から節税のためには、G社を解散して本件資産の売却益を退職金として支給することが最善の方法である旨指導を受けたため、B税理士の指導に従うこととし、その処理を一任し、B税理士において訴外会社の役員退職慰労金支給規定を作成するなどした。

　G社は、昭和63年6月30日に解散し、2億1,260万円の退職金の全額を損金の額に算入した同年6月期の法人税の確定申告を行った。

　その後、G社は昭和63年6月期の法人税について、原告らに対する退職金の各8,000万円のうち、各4,000万円は過大な退職金であるとして自ら損金算入を否認して、法人税3,284万円余とする修正申告書を平成元年6月21日に提出したが、G社が修正申告により確定

---

[78] 所得税については、必要経費の解釈で法人税と同様と考えられている（『国税徴収法精解（令和3年改訂）』327頁、大蔵財務協会・2021年）。

[79] 判例時報1629号43頁

した租税債務を滞納したため、被告（国）はG社の財産の差押えを行い一部徴収するものの、他にG社に差押えできる財産がないことから、平成3年5月21日、原告らに対して滞納国税の第二次納税義務者として、各4,000万円を限度として、同年6月21日を期限として滞納国税の全額を納付すべき旨の告知処分をした。

(2) 原告の主張

原告らの本件各退職金は、最終報酬月額40万円、功績倍率8倍、勤務年数20年で算出した退職慰労金各6,400万円と特別功労金各1,600万円から成るものである。G社は、昭和51年に旧G社（昭和30年設立）から全事業、全財産を引き継いで営業してきたものであるが、原告らは、同社及びG社において従業員又は取締役として業務に従事してきた。したがつて、G社が原告らの退職慰労金の計算の対象となる勤務年数を20年としたことは適正であり、原告ら両名が旧G社の事業を実質的に営んできた最も功績の高い者であることを考えれば、本件各退職金の金額は相当かつ妥当なものである。

(3) 裁判所の判断

(イ) 法人税法36条と国税徴収法39条の関係について

法人税法36条との関係では、平均功績倍率法を利用して役員退職給与の金額の相当性を判断することが合理的であるとしても、国税徴収法39条との関係では、実際に支給された退職金の金額が平均功績倍率法によって求めた相当とされる退職金の金額を超えていれば、その超える部分について無償又は著しく低額の対価による財産の処分があつたと直ちにいうのは妥当ではなく、平均功績倍率法によって求めた相当とされる退職金の金額と実際に支給された退職金の金額の乖離の程度に加えて、当該役員の職務又は功労の内容、程度、

勤務年数のほか当該退職金が支給されるに至った具体的事情等をも考慮し、その退職金の支給が無償又は著しく低額の対価による財産の処分に該当するか否かを判断するのが相当である。

㊁　各退職金の支給が国税徴収法39条の無償又は著しく低額の対価による財産の処分に該当するか否かについて（退職金の金額については、被告の主張を容認）

　本件各退職金の金額は、平均功績倍率法により求められる原告らの相当とされる退職金の金額の５倍を超え、その金額の乖離の程度が大きいだけでなく、Ｇ社が解散し、原告らを含む役員らに退職金が支給されたのは、専ら、Ｇ社の資産の売却による売却益についてＧ社の法人税を回避するためであり、それぞれの役員らの職務執行及び功労との対価的均衡を考慮した上で、退職金の金額が決定されたわけではないという事情があることのほか、原告らのＧ社における役員としての職務、功労の内容、程度が同業の会社の役員に比較して格段に重く、高いものであつたなど、Ｇ社がその役員である原告らに対し一般の会社と対比してより高額な退職金等を支給すべき特段の事情があることを認めるに足りる証拠はないことを考え併せると、仮に原告らがＧ社の前身である旧Ｇ社において稼働していたことを相当程度原告らに有利に評価したとしても、本件各退職金の金額は、原告らのＧ社における取締役としての職務執行及び功労との対価的均衡を著しく欠くものであり、本件各退職金の支給は、国税徴収法39条の著しく低額の対価による財産の処分に該当するといわざるを得ない。

　この事案のように清算する法人が一般的には債務超過であることから、

経営者や債権者に私財提供や債権放棄等が求められ、これらが実行された場合には清算中の法人に臨時に益金の額が生じることになる。

なお、解散して清算中の法人は、いくら臨時の益金が生じたとしても、前述（前記Ⅱ）のとおり、残余財産がない限りそれらの益金に見合う担税力を有しているとは言えないことから、現行法人税法においても清算中の法人に残余財産がないと見込まれる場合には、設立当初からの欠損金（いわゆる期限切れ欠損金）を使用できることとされている（法法59④）。この清算中の法人に課税所得を生じさせないための「設立当初からの欠損金の損金算入」制度の理解は、債務免除益、私財提供益及び資産処分益等といった臨時の益金の額が生じる清算中の法人においては重要な制度である。

また、この事案のように法人を清算する際にその法人に滞納税金が生じた場合、その法人から利益を得ている者に第二次納税義務が課される（国税徴収法39条）ことがありうる。また、清算人においても、その法人が納付すべき税金を納付しないで残余財産の分配を行うと自らに第二次納税義務が課される（国税徴収法34条）ことがありうる。加えて、残余財産の分配は、みなし配当事由であることから、みなし配当に該当する金額に対する源泉所得税の納税が生じることに留意する必要がある。

なお、第二次納税義務は租税債権の早期回収のために認められているが、国税の徴収（国税債権の確保）のために一般債権者の場合と同様に、債権者代位権や詐害行為取消権の適用も認められている（国税通則法42条）。

おわりに

　本書で解説した５つの制度は、平時にその適用を考えることは稀なことであり、「Ⅲ　仮装経理の是正・還付等」及び「Ⅳ　欠損金の繰戻し還付請求」については、納税者自らが請求等しない限り、課税当局が積極的に是正等を行うことはない。

　したがって、これら制度の適用に関する説明等を怠れば、これらの「知識は、税理士として当然に保有・駆使することが期待される程度のものと考えられ、高度に専門的な部類に属するものではない。」[80]とか、「誤った認識に基づく独自の見解を有していたため、・・・課税を看過又は軽視し、本件・・・に対する課税の問題について、原告に対して、全く又はほとんど説明をしなかったものと認められる。」[81]として顧問先（納税者）からの損害賠償請求が認められることもあり得よう。

　なお、中小企業等の倒産時に個人保証をしている経営者が個人破産となるケースが多く、事業再生の早期の決断の大きな阻害要因となっていることから、破産等を回避しうることを周知するため、政府の経済対策として「廃業時における『経営者保証ガイドライン』の基本的考え方」[82]が公表されていることについても確認しておく必要があろう。

　いずれにしても、顧問先が事業継続を断念し、解散等により本書で解説した５つの制度の適用を受けることにならないことを祈るばかりである。

---

80) 前掲、前橋地判平成14年６月12日、東京高判平成15年２月27日（確定）
81) 東京地判平成28年５月30日（いわゆるDES損害賠償事件）
82) 令和４年３月経営者保証に関するガイドライン研究会

【編著者紹介】

中村慈美（なかむら　よしみ）

　昭和30年福岡県生まれ。昭和54年3月中央大学商学部卒業、平成10年7月国税庁を退官、平成10年8月税理士登録、平成15年4月事業再生実務家協会常務理事（平成31年3月まで）、平成17年4月中央大学専門職大学院国際会計研究科特任教授（平成20年3月まで）、平成17年7月整理回収機構企業再生検討委員会委員、平成20年5月全国事業再生・事業承継税理士ネットワーク代表幹事、平成21年8月経済産業省事業再生に係るDES研究会委員、平成22年4月一橋大学法科大学院非常勤講師、中央大学大学院戦略経営研究科兼任講師（平成30年3月まで）、公益社団法人日本租税研究協会法人税研究会専門家委員、平成23年10月一般社団法人東日本大震災・自然災害被災者債務整理ガイドライン運営機関委員（令和3年6月まで）、平成25年6月公益財団法人日本税務研究センター共同研究会研究員、平成25年8月日本商工会議所・一般社団法人全国銀行協会共催経営者保証に関するガイドライン研究会委員、平成26年11月中小企業庁中小企業向けM＆Aガイドライン検討会委員、平成27年4月文京学院大学大学院経営学研究科特任教授、平成31年4月一般社団法人事業再生実務家協会常議員

　主な著書　平成16～令和6年度「税制改正早わかり」（いずれも共著・大蔵財務協会）、「税理士・経理マン必携　法人税実務マスター講座　交際費」（著・ぎょうせい・2007）、「グループ法人税制の要点解説」（著・大蔵財務協会・2010）、「企業倒産・事業再生の上手な対処法」（共著・民事法研究会・2011）、「法人税務重要事例集」（編・大蔵

財務協会・2012)、「不良債権処理と再生の税務」(著・大蔵財務協会・2012)、「早わかり法人税改革」(著・大蔵財務協会・2015)、「法的整理計画策定の実務」(共著・商事法務・2016)、「認定支援機関・事業再生専門家のための事業再生税務必携」(共著・大蔵財務協会・2017)、「新株予約権ハンドブック」(共著・商事法務・2018)、「貸倒損失をめぐる税務処理 専門家からのアドバイス30選」(共著・大蔵財務協会・2019)、「連結納税制度大改正 グループ通算制度早わかり」(著・大蔵財務協会・2020)、「法人税重要計算ハンドブック」(共著・中央経済社・2021)、「企業の保険をめぐる税務」(共著・大蔵財務協会・2022)、「貸倒損失・債権譲渡の税務処理早わかり」(著・大蔵財務協会・2023)、「図解 グループ法人課税」(著・大蔵財務協会・2023)、「図解 組織再編税制」(著・大蔵財務協会・2024)、「図解 中小企業税制」(監修・大蔵財務協会・2024)

【著　者】

毛塚　衛（けづか　まもる）

　平成2年神奈川県生まれ。平成26年3月中央大学法科大学院修了、司法試験合格後平成29年1月弁護士登録（神奈川県弁護士会）。令和4年8月より横浜馬車道法律事務所代表弁護士。令和5年3月文京学院大学経営学研究科税務マネジメントコース修了。同年税理士業務開始通知。令和6年一橋大学法科大学院非常勤講師。令和6年MJS税経システム研究科客員講師。

　論文「雑損控除の適用範囲についての一考察─人為による異常な災害の解釈に焦点をあてて─」第46回日税研究賞入選。論文「取得価額

の減額に伴う有価証券の評価損計上についての一考察」第13回新日本法規財団奨励賞〔会計・税制分野〕優秀受賞。

　主な著書「企業経営者・経理担当者が知っておきたい重要な税務・実務のポイント」（共著・大蔵財務協会「週刊税のしるべ」連載）、「図解　中小企業税制（共著・大蔵財務協会・2024）」他。

一般財団法人大蔵財務協会は、財務・税務行政の改良、発達およびこれらに関する知識の啓蒙普及を目的とする公益法人として、昭和十一年に発足しました。爾来、ひろく読者の皆様からのご支持をいただいて、出版事業の充実に努めてきたところであります。

今日、国の財政や税務行政は、私たちの日々のくらしと密接に関連しており、そのため多種多様な施策の情報をできる限り速く、広く、正確にかつ分かり易く国民の皆様にお伝えすることの必要性、重要性はますます大きくなっております。

このような状況のもとで、当協会は現在、「税のしるべ」(週刊)、「国税速報」(週刊) の定期刊行物をはじめ、各種書籍の刊行を通じて、財政や税務行政についての情報の伝達と知識の普及につとめております。また、日本の将来を担う児童・生徒を対象とした租税教育活動にも、力を注いでいるところであります。

今後とも、公益法人としての自覚のもとに、国民・納税者の方々のニーズを的確に把握し、より質の高い情報を提供するとともに、各種の活動を通じてその使命を果たしてまいりたいと考えておりますので、ご此正・ご指導を賜わりますよう、宜しくお願い申し上げます。

一般財団法人　大蔵財務協会
理事長　木村　幸俊

解散に伴う実務解説と注意事項
―法務と税務の両面から―

令和6年10月26日　初版発行
令和7年2月20日　再版発行

不許複製

編著者　中村　慈美
共著　毛塚　衛

(一財)大蔵財務協会 理事長
発行者　木村　幸俊

発行所　一般財団法人　大蔵財務協会

〔郵便番号 130-8585〕
東京都墨田区東駒形1丁目14番1号
(販売部)　TEL03(3829)4141・FAX 03(3829)4001
(出版編集部)TEL03(3829)4142・FAX 03(3829)4005
URL https://www.zaikyo.or.jp

印刷　三松堂

落丁・乱丁はお取替えいたします。
ISBN 978-4-7547-3266-0